Серия «Национальные проекты»

Сергей Глазунов
Владимир Самошин

ДОСТУПНОЕ ЖИЛЬЕ

люди и национальный проект

Москва
Издательство «Европа»
2006

УДК 323.2
ББК (Т) 66.3 (2Рос)
   Г 49

Серия «Национальные проекты»
Серия основана в 2006 году в Москве

Сергей Глазунов, Владимир Самошин
Доступное жилье: люди и национальный проект. –
М.: Издательство «Европа», 2006. – 96 с. – (Национальные проекты)

Редактор *Вячеслав Глазычев*

Национальный проект «Доступное жилье», обозначив цель и финансовые средства для ее достижения, не содержал конкретного указания на способы достижения цели, вследствие чего вокруг задач нового строительства разыгралась серьезная борьба. Это отнюдь не академическая дискуссия. Крупный строительный бизнес стремится развернуть национальный проект в сторону закрепления своего монопольного положения на рынке. Средний бизнес стремится разрушить монополию мощных строительных компаний. Авторы брошюры определенно выступают за расширение предложения на строительном рынке, за нормализацию рынка жилья, то есть за расширение зоны коммерческого найма (доходные дома) и правильное прочтение социального найма. Их цель – показать пути относительного удешевления жилищного строительства при сохранении необходимого комфорта и при учете совокупных расходов на строительство и содержание жилого фонда.

Having set down the objective and the financial resources for its achievement, the National Project "Affordable Lodging", however, did not specifically indicate the means for its accomplishment and due to that a serious struggle has unfolded around the tasks of the new construction. This discussion is far from being an academic one. The big construction business is trying to divert the National Project towards securing its market monopoly. Medium business is seeking a way to break the monopoly of major constructors. The authors of this brochure are definitely advocating the widening of offer in the housing market and the normalization of that market, which is understood as a more ample zone of commercial engagement (lucrative housing) and a correct perusal of the social engagement. Authors are attempting to show ways of relative reduction of prices in the housing construction while retaining the necessary comfort and taking into account the overall costs not only for construction but also for the maintenance of the dwelling stock.

ISBN 5-9739-0065-7

СОДЕРЖАНИЕ

ВВЕДЕНИЕ

Среди выдвинутых Президентом Путиным приоритетных национальных проектов «Доступное жилье» занимает особое место, будучи напрямую адресовано здоровым и больным, жителям городов и сел, имеющим детей – школьников или студентов, или давно их вырастившим, или не имеющим детей вовсе. Актуальной жилищная проблема была в России все годы советской эпохи – неудивительно, что после почти десятилетней паузы, вызванной повсеместно, кроме Москвы, резким сокращением строительства, острота этой проблемы выросла еше. Более того, как можно было убедиться из недавнего выступления вице-премьера Дмитрия Медведева, федеральная власть отдает себе отчет в том, что достижение поставленной цели уже в первые месяцы натолкнулось на великое множество проблем. Фактически понятие «проект» было вброшено в СМИ, если так можно выразиться, на вырост – пока еше речь идет о постановке ближайшей цели, сформулированной как удвоение выхода строительного комплекса страны за счет сушественного увеличения средств, выделяемых на поддержку ипотечного кредитования строительства. Перевести цель и финансовые ресурсы в пакет реальных проектов предстоит в столь сжатые сроки, что верная формулировка техническо-го задания, закладываемого в основу всякого проекта, приоб-рела ключевое значение.

В самом общем виде проблемная ситуация выглядит следу-ющим образом. **Число семей, которые ни при каких услови-ях не смогут воспользоваться даже льготной ипотекой и ну-ждаются в предоставлении им социального жилья, составля-ет порядка 4,5 миллиона.** Это если ориентироваться на спи-ски очередников, тогда как, по экспертным оценкам, следует рассчитывать на как минимум вдвое большую величину. К этому следует добавить 1 млн. 200 тыс. семей, предоставле-ние которым бесплатного жилья должно быть осуществлено по обязательствам государства: это семьи военнослужащих, ветеранов войн, чернобыльских инвалидов, воспитанники детских домов и т. д. В совокупности речь идет о 35–40 млн. человек, то есть почти о четверти населения страны.

Кроме того, за счет ускорившегося процесса обветшания старой застройки требуют капитального ремонта около 300 млн. м² жилья, и эта огромная величина ежегодно возрас-тает примерно на 10%.

В конце 70-х годов строилось порядка 76 млн. м² ежегодно, тогда как результаты 2005 года оцениваются в 43,5 миллиона. Уже из сопоставления всех этих величин понятно, что задача удвоения объема строительства за несколько лет сможет стать лишь первым шагом к решению жилищной проблемы, в результате которого по обеспеченности пристойным жиль-ем Россия от сегодняшних 19 м² на человека сумеет прибли-зиться к Украине (26 м²) или Чехии (28 м²). Сопоставление с развитыми странами Запада пока еще лишено смысла. Для того чтобы выйти на реальное решение российской жилищ-ной проблемы, ежегодный объем строительства жилья необ-ходимо довести примерно до 140 млн. м². В то же время стро-ители в один голос заявляют, что и установленная нацио-наль-ным проектом планка не обеспечена необходимым объемом отечественного производства цемента и других материалов. Их логика была бы безупречна, если бы не одно обстоятельство: дело обстоит именно так, если продолжать тот тип строительства, который остается ведущим – многоэтажные, многоквартирные дома с весьма высоким расходованием цемента и металла.

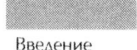

Огромным препятствием для развертывания массового строительства наряду с нехваткой средств населения является отсутствие современных генеральных планов в большинстве населенных пунктов страны и острая нехватка профессиональных кадров для разработки таких планировочных документов в короткое время. Понятно, что без активной логистики массовой застройки вброс значительных средств на рынок ипотеки может привести не столько к росту объемов строительства, сколько к дальнейшему росту цен на жилье.

Задачи, поставленные национальным проектом, могут быть решены, но для этого необходимо расстаться с немалым числом застарелых предрассудков и перейти к серии действий, способных перевести проблему из стадии обсуждения того, как контролировать выделенные средства, на этап принятия решений относительно того, на что следует их расходовать и как целесообразно это делать. Этому и посвящена наша брошюра.

Сразу же отметим, что весьма существенным препятствием к достижению поставленной цели являются грубые недочеты, содержащиеся в Земельном, Жилищном и Градостроительном кодексах, принятых Государственной думой без необходимой экспертной проработки. Достаточно сказать, что требование, согласно которому выделение участков под застройку должно осуществляться исключительно через аукционы, практически означает, что для строительства социального жилья не будет площадок, поскольку их перехватят застройщики дорогого жилья, которым будет необходимо окупать завышенные затраты на приобретение земли. В то же время вполне разумное уклонение от исполнения этой нормы муниципалитетами на законном основании трактуется антимонопольной службой как незаконные действия, вслед за чем неизбежна остановка строительства. Корректировка кодексов в опоре на широкое экспертное их обсуждение оказывается условием номер один для того, чтобы всерьез приступить к реализации национального проекта.

Не менее существенным является грамотное построение типологии жилища под поставленную цель. Это вопрос далеко не технический. В самом деле, можно без конца повторять, что необходимо преодолеть монополизацию в строительном бизнесе, но сделать это можно только в том случае, если реально впустить на рынок жилья средний бизнес. В свою очередь, сделать это можно только при массовом переходе к строительству односемейных жилых домов (отдельных, сблокированных или собранных в таунхаус), так как при высокой стоимости банковского кредита фирма среднего масштаба в принципе не в состоянии даже приступить к постройке типичного многоэтажного дома на сто – двести квартир. Тем не менее разработчики национального проекта не обозначили такого рода приоритет, вследствие чего **строительный комплекс ориентирован на воспроизводство привычной для себя схемы многоэтажного дорогого строительства**. Сторонники этой традиционной для нас схемы убеждают оппонентов, что при массовой малоэтажной застройке увеличиваются площади и растягиваются коммуникации, что удорожает строительство. Это звучит убедительно, но в такой аргументации много лукавства: при переходе к современным автономным системам отопления и горячего водоснабжения, к групповым малоформатным системам канализации серьезного увеличения расходов на инженерные сети не происходит, тем более что убираются вертикальные разводки сетей по этажам, нет нужды в дорогостоящих лифтах и т. п. Главное – необходимость видеть неразрывную связь между строительством и жилищно-

8

коммунальным хозяйством, необходимость учитывать не только подготовительные и строительные расходы, но и совокупные расходы на эксплуатацию жилья, которые – при нерациональном решении – могут означать гигантское удорожание в масштабе страны. Принципиально важно уйти от оценки проекта в квадратных метрах (такой практики в мире нет), перейдя к обычному расчету в жилых единицах – квартирах или отдельных домах. В самом деле, 500 м^2 могут в действительности означать две обширные квартиры или десять небольших. При расчете выхода в квадратных метрах строительным фирмам выгоднее строить большие квартиры, чем компактные, поскольку во втором случае резко увеличивается число кухонь и ванных комнат. В Москве это привело к тому, что на предоставление социального жилья по характерным для него скромным нормативам площади практически нет зданий. Впрочем, вопрос о социальном жилище далек от простоты, ведь содержательная постановка задачи означает ответ на вопрос: хотим мы просто предоставить людям кров или хотим того, чтобы дети, вырастающие в социальном жилище, вырастая, могли уйти из него, переходя в другую социальную категорию? Очевидно, что решить так поставленную задачу в рамках одного жилого дома чрезвычайно затруднительно и лишь в рамках целого квартала можно дополнить скромное индивидуальное жилище столь необходимыми публичными пространствами для спорта и досуга.

Более того, казалось бы, разумно обратить внимание на то, что, за исключением крупнейших городов, подавляющая часть строительной активности в России в последние годы – это как раз индивидуальные дома, возводимые по проектам и без проектов, своими силами или наемным трудом весьма разного качества. Обратив на это внимание, разумно предпринять максимум усилий для того, чтобы стимулировать разработку эффективных проектов с использованием местных материалов, создание среднего масштаба предприятий по производству строительных конструкций и деталей, разработку упрощенных регламентов выделения площадок под индивидуальное строительство. Тем не менее интерпретаторы национального проекта склоняются к тому, чтобы трактовать задачу в категориях строительства, характерного для крупнейших городов.

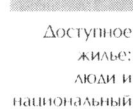
Авторы либеральных реформ 90-х годов и их консультанты приняли более чем оригинальную трактовку решения жилищной проблемы в России, утверждая необходимость и рациональность тотальной приватизации квартир. Однако следовало бы с вниманием отнестись к тому факту, что нигде в мире доля собственного жилья горожан не превышает половины его объема, тогда как половина, а то и две трети жилого фонда – это доходные дома, в которых семьи снимают квартиры сообразно своему уровню дохода. К сожалению, разработчики Жилищного кодекса, а вслед за ними и чиновники Росстроя, на которых возложена задача технической разработки национального проекта, тяготеют к тому, чтобы считать приобретение квартир гражданами единственной целью, и ориентируют расходование государственных средств исключительно на облегчение процедуры покупки жилья. При этом очевидно, что доступность жилья в такой стратегии для весьма значительной части населения, и прежде всего для молодежи, становится более чем проблематичной.

Расширение свободы выбора выступает в решении жилищной проблемы страны как несомненно ключевая задача, для решения которой насущно необходим диалог власти и экспертного сообщества, муниципалитетов и жителей. Совершенно очевидно, что при огромном разнообразии природных условий и жизненных укладов в России единые принципы реализации национального проекта должны найти множество форм реального проектного выражения. При необходимой централизации контроля над расходованием средств на осуществление национального проекта существует не менее значимая потребность в общественном экспертном контроле над самой постановкой конкретных задач и над логикой их решения. Жилишную проблему и способы ее решения необходимо перевести в категории жилишной политики, которая должна быть понятна каждому, должна быть понята и принята каждым. Развертывание национального проекта «Доступное жилье» в принципе несет в себе шанс активного конструктивного сотрудничества государственной власти федерального и регионального уровней, муниципального управления и граждан, но для того чтобы этот шанс реализовать, путь к выработке полноценной жилишной политики должен быть проложен через открытую деловую дискуссию. Ведомства – одна из сторон такой дискуссии, другую сторону формирует аргументация независимых экспертов.

Вячеслав Глазычев

НЕМНОГО ИСТОРИИ

СОВРЕМЕННОЕ РОССИЙСКОЕ ЖКХ возникло не в одночасье и не на пустом месте. Ему предшествовала насыщенная многовековая история.

Жилье в городах дореволюционной России

М. Булгаков устами одного из своих героев заметил, что москвичи остались в общем-то неплохими людьми, вот только квартирный вопрос их испортил. Заметим, что это было сказано после Октябрьской революции. А как жили москвичи (и жители других городов России) до этой самой революции?

В XIX – начале XX века в России горожане жили в основном в частных домах, государственного или муниципального жилья не было. Частные дома были на одну семью, односемейные – деревянные или каменные (для тех, кто побогаче), и многоквартирные. **Практически все многоквартирные дома представляли собой так называемые доходные дома.** Доходный дом строился частным лицом – предпринимателем – на свои деньги для получения прибыли путем сдачи квартир внаем. Этот дом принадлежал хозяину на правах частной собственности, квартиры сдавались внаем по коммерческой цене (разумеется, без всякой приватизации). Любой человек, увидевший на подъезде, или на воротах дома, или в газете объявление о наличии в доме свободной квартиры, если его устраивала цена, мог заключить договор с хозяином (или управляющим), зачастую устный, и в тот же день вселиться в квартиру.

Не нужны были ни прописка, ни ордер или другие справки и бумаги. Правда, следовало зарегистрироваться в местном отделении полиции, и не зарегистрировавшихся строго наказывали. Законы защищали квартиросъемщика от произвола владельца. Если жилец исправно платил квартплату и не нарушал порядка, домовладелец не имел права его выселить. Но если жилец не вносил плату или нарушал порядок, то с помощью полиции быстро оказывался на улице. Конечно, хозяин, домовладелец следил (сам или через своих управляющих и приказчиков) за чистотой и исправностью своего имущества, т. е. дома. Ведь в грязный, неопрятный дом не привлечешь клиентов, плохое состояние дома снижало цену аренды квартир и соответственно доходы владельца.

За порядком в доме и во дворе следил дворник. Дворник в те времена был не только уборщиком территории, но выполнял еще и административные функции. Он обязан был докладывать местному отделению полиции (квартальному надзирателю) обо всех нарушениях порядка в доме, о незарегистрированных жильцах и т. д. Дворник всегда находился неотлучно при доме и жил здесь же в служебном помещении. За порядком следила местная полиция, городовые, которые постоянно патрулировали территорию (за это их еще называли «хожалые»). Ночью постоянно дежурил ночной сторож. Повсюду стояли еще и стационарные полицейские посты — будки, в которых сидел полицейский — будочник. Поэтому во дворах и на улицах был порядок, в «хороших» районах было спокойно: и днем, и в темное время суток можно было без опаски ходить по улицам. В случае каких-либо происшествий дворник, будочник или городовой быстро приходили на помощь. Нередко дополнительные посты будочников учреждались домовладельцами, которые в этом случае брали на себя расходы по их содержанию.

Цены за аренду квартир колебались существенно, но в целом не были высокими, ведь заломивший цену хозяин рисковал остаться без жильцов. Цены регулировал рынок, спрос и предложение, а городская администрация участвовала в регулировании цен тем, что домовладелец имел право повышать квартплату только один раз в год. Конечно, цены варьировались в широких пределах: от дорогих, хороших квартир в центре до дешевого жилья низкого качества на окраине или во флигелях на задних дворах. До сих пор центральные районы Москвы украшают прекрасные многоквартирные дома — бывшие доходные Г. Солодовникова, Ф. Афремова, В. Исакова и др. Дифференциация цен приводила к тому, что в одном доме селились жильцы примерно одного достатка — либо рабочие, мастеровые, ремесленники, либо средний класс: профессора, чиновники, юристы, либо высший: банкиры, аристократы, сенаторы. Это улучшало психологический климат в доме, способствовало мирному соседскому сосуществованию.

В домах, где жила более-менее состоятельная публика (средний класс и выше), в подъездах дежурили швейцары, на лестничных площадках были ковровые дорожки, зеркала, фикусы с пальмами в кадках. Дама, пришедшая в гости, прежде чем позвонить в квартиру, могла поправить прическу перед зеркалом. Понятно, что в таком доме профессор Преображенский мог спокойно оставить свои галоши внизу, не боясь, что не найдет их завтра утром.

Чрезвычайно просто решался вопрос с переездом на новое место жительства. Не надо было ни продавать, ни менять квартиру. Достаточно было заплатить квартплату за текущий месяц, после чего договор найма без проблем расторгался и человек мог в тот же день переехать на новую квартиру. Добавьте к этому, что услуги по перевозке мебели стоили очень дешево. Многие выбирали себе квартиру ближе к месту работы или службы, театралы – ближе к театру, любители прогулок в парке – поблизости от парка и т. д. Так как квартиры не принадлежали жильцам и не участвовали в купле-продаже, то не было и криминализации вокруг жилья.

Иногда несколько человек нанимали квартиру в складчину, и свободную комнату можно было сдать в поднаем. Люди одинокие или с низким достатком (это могла быть и семья) жили в доходных домах гостиничного типа, где не было квартир, а были комнаты, которые сдавались внаем. Наконец, самые бедные снимали койку в ночлежных домах, или «ночлежках», за несколько копеек на ночь (это были самые дешевые доходные дома, дававшие, однако, наибольший удельный доход владельцам).

Домовладелец, хозяин, управлял своим доходным домом эффективно, обеспечивая жильцам комфорт, себе – прибыль, в городскую казну – налоги. Дотации доходные дома не получали, они были рентабельны, это был крупный сектор городского среднего бизнеса. В случае неэффективного управления домовладелец разорялся, дом переходил к другому владельцу или превращался в трущобы, как произошло с известной Хитровкой в Москве или Вяземской лаврой в Санкт-Петербурге. К чести российских домовладельцев, трущоб в городах России было немного.

Был еще такой вид жилья, как бараки, или казармы, где за низкую плату жили рабочие заводов и фабрик, бараки эти строились хозяевами заводов, т. к. рабочими были в основном переселенцы из деревень. По современной терминологии это было ведомственное жилье.

Предложение жилья соответствовало платежеспособному спросу. **Каждый без особого труда мог найти себе жилье в любом городе в соответствии со своими средствами, и в этом смысле жилищной проблемы в городах России не**

существовало. Никто не ночевал на улицах, что считалось бродяжничеством, за которое легко можно было угодить в острог.

Муниципального жилья в дореволюционной России не было вообще, но было «социальное» жилье, т. е. жилье для самых сирых и убогих. Это были дома, содержавшиеся на средства благотворительных, религиозных организаций (приюты, богадельни) и отдельных меценатов. Например, в Москве был широко известен «дом бесплатных квартир», построенный купцами братьями Бахрушиными на Софийской набережной. Это был прекрасный большой дом (сейчас в нем помещается головной офис компании «Роснефть»), содержавшийся полностью на средства владельцев, в котором жили малоимущие горожане.

Отметим, что пособий, субсидий, дотаций из бюджета не было, казна не участвовала в решении жилищного вопроса. Рынок в целом справлялся со всеми проблемами. Только в начале XX века благотворительные дома, в основном из-за нестабильности финансирования, стали частично переходить на казенное содержание, т. е. появились зачатки муниципального жилья. Необходимо также отметить, что большая доля городской земли находилась в собственности частных лиц и свободно покупалась и продавалась.

Структура жилого фонда по формам собственности в начале XX века в крупных городах России была примерно следующей:

✓ частный односемейный дом – 50%;
✓ частный доходный дом – 40%;
✓ социальное жилье – 10%.

Так жили горожане в России до революции.

Советский период

Необходимо отметить, что упадок жилого фонда российских городов начался еще во время Первой мировой войны: инфляция подрывала домовое хозяйство, так как рост квартирной платы был искусственно ограничен.

Наступил 1917 год, грянула победоносная Октябрьская революция, заводы, фабрики, банки, магазины, и в том числе жилые дома, были национализированы, стали собственностью государства. Домовладельцы бежали за границу, кто не успел убежать, был расстрелян или сгинул в ГУЛАГе. Управлять домами стали домкомы во главе со Швондерами и Шариковыми, которые впоследствии трансформировались в нынешние РЭУ и ДЕЗы. Большие богатые квартиры в центре превратились в коммунальные, куда переселили рабочих с окраинных бараков и бедноту из ночлежек, путем принудительного «уплотнения». Зеркала были разбиты, пальмы и фикусы завяли, ковровые дорожки порезали. Украли и галоши профессора Преображенского. Наступил социализм.

Днем рождения советской системы ЖКХ следует считать 24 августа (по н. ст.) 1918 года, когда был опубликован декрет СНК об отмене права частной собственности на недвижимость в городах. В результате этого все жилье, которое в дореволюционной России было в основном частным, перешло в государственную собственность (потом, правда, права собственности на частные односемейные дома вернули их прежним владельцам).

Поначалу новоиспеченным государственным многоквартирным домом не управлял вообще никто и вселиться в него мог каждый желающий, к тому же и квартплата была отменена. Такое положение долго не могло сохраняться, и домом стал управлять домком, выбираемый на собрании жильцов. Через некоторое время выяснилось, что домком управляет домом неэффективно, и после недолгих экспериментов с другими формами коллективного управления – жилтовариществом и ЖАКТом – он был заменен домоуправом – специальным уполномоченным советской власти. Это был уже фактически госчиновник. В дальнейшем управление многоквартирным домом перешло к специальным органам государственной и местной власти (ЖЭКи, РЭУ, ПРЭО, впоследствии ДЕЗы).

18

Это были глубокие институциональные преобразования, точнее, кардинальная ломка прежней, дореволюционной системы ЖКХ. Сущность «реформ» заключалась в стопроцентной национализации всех объектов ЖКХ, в переходе их в конечном счете в государственную собственность и соответственно в систему государственного централизованного управления. Характерными, сущностными признаками советской системы ЖКХ являются:

Немного истории

- ✓ доминирование государственной собственности на объекты ЖКХ;
- ✓ командно-административный характер управления через бюрократические структуры, характеризующийся низкой эффективностью;
- ✓ нерыночный экономический механизм;
- ✓ способ планирования всех показателей от затрат, а не от результата (затратный механизм планирования и функционирования);
- ✓ отчуждение потребителей от процессов управления (отсутствие обратных связей).

Климат в ЖКХ определялся низкой эффективностью государственного сектора.

Отметим еще, что на смену социальному расслоению по районам и жилым домам пришло смешение, когда в одном и том же доме стали жить люди различного культурного, социального и финансового уровня: вместе с профессорами, чиновниками и артистами селили буфетчиц, слесарей, уборщиц и т. д. В дальнейшем советская власть сознательно поддерживала такую политику «социальной однородности». Драма такого рода вынужденного коллективизма великолепно описана в ранней советской литературе.

Во время НЭПа, когда государство фактически расписалось в неэффективности централизованного жилищно-коммунального хозяйства, начали появляться дома, принципиально отличающиеся от государственных. Речь идет о ЖСК, жилищностроительных кооперативах – домах коллективной собственности и управления, после насильственного перерыва, длившегося до конца сталинской эпохи, достигших расцвета к 70-м годам XX века. Этот вид жилого дома демонстрировал более высокую степень эффективности: кооперативные дома выглядели лучше и лучше обслуживались, чем обычные государственные, несмотря на то что права собственности и управления были сильно ограничены. В советский период появился еще и такой сектор жилого фонда, как ведомственные дома. Это было государственное жилье, «приписанное» или переданное на баланс крупных предприятий, организаций и ведомств. Управлялись и обслуживались они специальным органом (и из бюджета) соответствующей организации.

Основой советской жилищной политики с 1955 года стало массовое строительство государственных дешевых многоквартирных крупнопанельных домов индустриальным методом. Квартиры предоставлялись органами местной власти в порядке очереди при множестве специальных разрешений на внеочередную выдачу ордеров. Квартплата и оплата коммунальных услуг держались на низком уровне за счет бюджетных дотаций всем жильцам без исключения. Советская власть не поощряла строительство индивидуального (частного односемейного) жилья как элемента буржуазной идеологии. Существовал запрет на строительство частного жилья в городах с населением свыше 100 тысяч человек, все должны были жить в многоэтажных «скворечниках». Так, наверное, проще присматривать за народом… Количество частных односемейных домов в советской России резко сократилось по сравнению с дореволюционным периодом. Необходимо отметить, что значительное количество новых квартир, спроектированных как односемейные, заселялось «с подселением», так что избавление от коммунальных квартир оказалось существенно заторможено. Тормозилось оно и тем, что новое строительство велось почти исключительно на месте окраин-

20

ных деревень и слободок, подлежавших сносу, тогда как старые городские центры должны были удовлетворяться периодическими «косметическими» ремонтами. Капитальный ремонт жилых домов почти не производили.

Структура городского жилого фонда по формам собственности к 80-м годам XX века в СССР была примерно следующей:
- ✓ частный односемейный дом – 20%;
- ✓ государственный многоквартирный дом – 70%;
- ✓ кооператив – 10%;
- ✓ частный доходный дом – 0%.

90-е годы, приватизация

После краха социализма и распада СССР среди многочисленных программ реформирования ЖКХ возобладала либеральная концепция, сущность которой заключалась в применении идей приватизации и либерализации ко всем объектам ЖКХ без учета их специфики. Ведущий лозунг времени – приватизировать как можно больше и как можно быстрее, а дальше рынок все сам расставит по своим местам. Фактически это вульгарно-либеральный подход к реформам, который проявился и в сфере ЖКХ. В рамках этой концепции была проведена масштабная бесплатная приватизация квартир в муниципальных домах, в результате чего в России появился своеобразный многоквартирный дом. **Это гибрид различных форм собственности, не имеющий аналогов в мире – муниципальный дом с приватизированными квартирами.** Реформаторы очень гордятся этой «рыночной» кампанией, но что реально из этого вышло?

По количеству частных собственников жилья мы догнали и перегнали развитые страны, однако эта реформа не решила ни одной проблемы ЖКХ, наоборот, породила массу новых. Новый вид городского жилья – муниципальный дом с приватизированными квартирами – не стал более эффек-

21

тивным. Это то же самое, что пытаться поднять эффективность работы госпредприятия путем приватизации его станков и механизмов. Это была крупная ошибка, которая привела к возникновению устойчиво неэффективной формы собственности, постоянно самовоспроизводящейся и не поддающейся реформированию, подлинной «институциональной ловушки».

Собственниками дорогостоящей недвижимости стали миллионы малоимущих горожан, которые оказались не в состоянии ни содержать ее, ни управлять ею, ни защищать ее от преступных посягательств. Десятки тысяч новых собственников погибли от рук бандитов или лишились жилья, превратившись в лиц без определенного места жительства. Отметим, что с проблемой приватизации муниципального жилого фонда сталкивались и другие страны. Например, Великобритания сначала также пошла по пути приватизации отдельных квартир. После того как стало ясно, что задача повышения эффективности содержания и обслуживания жилья таким способом не решается, власти начали приватизировать многоквартирный дом целиком, деля его как имущественное целое на доли, или «шеры». К сожалению, этот опыт у нас не был учтен.

Автором и разработчиком программы бесплатной приватизации квартир в муниципальных домах выступил фонд «Институт экономики города», созданный на средства зарубежных организаций и собранный из людей, не замеченных ранее в качестве специалистов по ЖКХ. Тогдашние российские власти не разбирались в ЖКХ и слепо доверились «западным специалистам», которые, как тогда считалось, знают ответы на все вопросы.

Центральным объектом всей системы ЖКХ является жилой дом, предоставляющий людям услуги жилья и являющийся заказчиком коммунальных услуг. Необходимо подчеркнуть, что **основным и единственным поставщиком жилищных услуг является именно дом в целом, а не отдельно взятая квартира**

22

(как принято считать в России), так как квартира может существовать только в составе дома и качество проживания в ней полностью определяется свойствами всего дома в целом. Жилой дом предоставляет человеку: 1) жилищные услуги непосредственно (жилое помещение и коммуникации); 2) коммунальные услуги опосредованно (является заказчиком коммунальных услуг: водопровод, канализация, отопление, электроэнергия, газ и т. д.). Таким образом, можно считать, что жилой дом является своеобразным предприятием по предоставлению жильцам жилищно-коммунальных услуг. Если дом работает эффективно, то жильцам предоставляется весь комплекс ЖКХ-услуг высокого качества, и напротив – при неэффективной работе комплекса жильцы получают эти услуги низкого качества.

При приватизации государственного промышленного предприятия нередко шли фактически по тому же пути, когда целостные технологические структуры оказались разорваны и приватизированы по частям. Это привело к параличу одних предприятий, к банкротству и гибели других, но, к счастью, этот процесс охватил не все производства. Увы, в сфере ЖКХ исключений практически не было.

ЖИЛЬЕ В ЗАРУБЕЖНЫХ РАЗВИТЫХ СТРАНАХ

Виды городского жилья

Все городские жилые дома в современных зарубежных развитых странах можно разделить на две группы – частный односемейный дом (дом для одной семьи, коттедж) и многоквартирный дом. В среднем по городам Западной Европы доля частных односемейных домов составляет порядка 30% всего жилого фонда, в странах Южной Европы их несколько больше – до 40%, в США и Канаде еще больше – до 50%. В крупных городах доля этого сектора жилых домов ниже, в небольших, естественно, выше, но везде доля частных односемейных домов велика в структуре городского жилья.

Многоквартирный дом – это дом из нескольких квартир (от 2 до многих сотен), в которых живут не связанные родством семьи (не путать с таунхаусом, который представляет собой частные односемейные дома, сблокированные стена к стене). В настоящее время известны три вида многоквартирных домов, различающихся формой собственности и управления:

1) частный доходный дом – частная форма собственности и управления;

2) кондоминиум, кооператив – коллективная форма собственности и управления;

3) муниципальный арендный дом – государственная (муниципальная) форма собственности и управления.

Существуют еще многоквартирные дома, находящиеся в собственности и управлении некоторых фирм, организаций и ведомств, квартиры в которых предоставляются в аренду служащим этих организаций (служебное жилье, общежития для студентов, казармы для солдат и полицейских и т. д.). Это ведомственное жилье, доля которого невелика, поэтому рассматривать его мы не будем.

Рассмотрим более подробно эти виды многоквартирных домов.

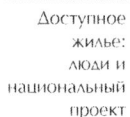

Частный доходный дом

Исторически частный доходный дом (ЧДД) является самым древним видом многоквартирного дома в городах. Первые многоквартирные дома для сдачи квартир внаем появились еще в Древнем Риме в III веке до н. э. (они назывались инсулами). ЧДД занимает прочное место среди городского жилья, его доля в городах современных зарубежных развитых стран составляет до 40%, а в крупных городах – до 70% (Нью-Йорк) и даже 82% (Вена). Некоторые принципы работы частного доходного дома уже рассматривались в предыдущей главе, поэтому здесь дополним уже сказанное.

ЧДД – это частная собственность домовладельца (частное лицо, фирма, банк), квартиры сдаются внаем жильцам по коммерческим ценам без права (естественно) приватизации и не выделены в отдельные объекты недвижимости. Это коммерческое предприятие, приносящее прибыль владельцам и налоги в бюджет, это большой сектор городского бизнеса: крупного, среднего и малого. Взаимоотношения хозяина и жильца-нанимателя регулируются договором и соответствующими законами. Наибольшего расцвета ЧДД достигли в Европе в XIX и начале XX века, когда в связи с развитием капитализма и ростом промышленности миллионы крестьян перебирались в город работать на фабриках и заводах. Это был «золотой век» ЧДД, они позволили быстро удовлетворить потребности огромных масс людей в жилье. В те времена практически все многоквартирные дома были частными доходными.

Поначалу в одном доме домовладельцы сдавали квартиры людям разного социального уровня: на 1-м этаже были магазины и лавки, 2 и 3-й этажи занимали хорошие квартиры, чем выше, тем квартиры становились меньше и дешевле — вплоть до каморок на верхнем этаже и чердачных помещений, которые сдавались бедноте по дешевке. Но такой социальный «микст» продержался недолго, близкое соседство различных социальных слоев порождало сильный дискомфорт и снижало спрос и цену аренды квартир, особенно хороших и дорогих. Постепенно произошла дифференциация доходных домов по стоимости аренды на дорогие хорошие в престижном районе — для богатых, похуже и подешевле — для среднего класса и дешевые на окраинах — для низших слоев. В России даже ночлежки для нищих, за исключением богаделен, представляли собой доходные дома низшей ценовой категории.

Жилье
в зарубежных
развитых
странах

Домовладелец управляет своим домом по одной из следующих схем:

✓ **непосредственно, самостоятельно;**
✓ **через управляющего (физическое лицо);**
✓ **через управляющую компанию (УК), юридическое лицо.**

С управляющим (или управляющей компанией) домовладелец заключает договор на предоставление услуг управления домом и контролирует его работу. Если управляющий (или УК) работает плохо, хозяин договор расторгает и подыскивает нового. С жильцом (нанимателем квартиры) также заключается договор, в котором прописываются правила проживания и цена аренды. Если жилец исправно платит квартплату и не нарушает порядка в доме, домовладелец не имеет права его выселить, в противном случае договор найма может быть расторгнут, а жилец выселен на улицу.

Частный доходный дом как вид жилья оказался очень эффективным. Во-первых, это доступное жилье, любой человек может легко нанять квартиру в своей ценовой категории в течение короткого времени. Во-вторых, жилец не заботится ни о содержании жилья, ни об управлении им, ни о налогах — он просто платит квартплату, всю работу выполняет домовладелец. В-третьих, такой вид жилья не ограничивает свободы передвижения человека, поменять место жительства (например, в поисках работы) достаточно просто. Перечислим еще достоинства ЧДД:

Доступное жилье: люди и национальный проект

✓ жилец не обладает собственностью в виде недвижимости, поэтому не рискует ее лишиться (а заодно и своей жизни) в результате преступных посягательств;

✓ достаточно высокий уровень комфорта проживания и качества обслуживания в результате конкуренции домовладельцев;

✓ как вид бизнеса является прибыльным, обеспечивает пополнение городского бюджета;

✓ достаточно эффективное управление домом, отсутствие проблем с неплатежами.

Список преимуществ ЧДД можно продолжать, недаром этот вид жилья является одним из основных среди городского жилого фонда. Хорошо развитый, широкий, свободный рынок частного арендного жилья способен полностью решить жилищный вопрос в любой стране.

ЧДД имеет и недостатки. Во-первых, это жесткая регламентация проживания в таком доме, лишнего гвоздя просто так не забьешь. Во-вторых, стремление домовладельцев постоянно увеличивать цену аренды. Но если на рынке существует свободная конкуренция при достаточном предложении, то она не дает ценам взлететь. В настоящее время в европейских городах цена аренды стандартной двухкомнатной квартиры в доходном доме составляет порядка 300—400 долл. в странах Южной Европы (Испания, Греция, Италия) и 400–500 долл. в Центральной Европе (Франция, Германия, Швейцария). При средней зарплате примерно 2000 долл. это составляет 20–25%, что вполне доступно для семьи со средним достатком. Повышению качества обслуживания и снижению цены аренды способствует деятельность различных объединений квартиросъемщиков, имеющихся во многих странах.

Отметим, что в негосударственном секторе жилья есть и еще один вид аренды – аренда квартиры у собственника в кондоминиуме. Но такой вид аренды не получил большого распространения, потому что проще и дешевле нанять такую же квартиру в доходном доме.

Кондоминиум

Это дом коллективной формы собственности и управления. Такие многоквартирные дома появились в начале XX века, к ним относятся кондоминиум, кооператив и существующая в некоторых странах (например, Финляндия, Швеция) форма коллективного владения типа акционерного общества. Наибольшее распространение коллективная форма собственности и управления получила в виде кондоминиума.

Кондоминиум (за рубежом для краткости его называют «кондо») – это многоквартирный дом вместе с земельным участком, оформленные как единый комплекс, в котором квартиры являются собственностью жильцов, а остальное имущество дома и земля являются их совместной собственностью, без выделения долей (в некоторых странах земля находится в долгосрочной аренде). **Кондо – это собственность совладельцев, он является самоуправляющимся объектом, содержание и управление им – обязанность совладельцев, местная власть не вмешивается в их дела.** Дом и земельный участок находятся в полной юрисдикции совладельцев, без их согласия никто не

29

имеет права ни снести дом, ни реконструировать его, ни построить что-либо на территории. Даже парковка чужой автомашины на территории кондоминиума запрещена.

В небольших кондо (5–10 квартир) жильцы сами управляют своим домом или нанимают управляющего, но для больших кондоминиумов этот способ неприменим. Типичным (и наиболее эффективным) способом управления является следующий: в каждом кондо формируется юридическое лицо – товарищество собственников жилья (название в разных странах разное) из всех владельцев жилья. Ни один владелец не имеет права отказаться от участия в нем, т. к. он обязан нести не только бремя содержания, но и бремя управления своей собственностью. При продаже квартиры прежний владелец автоматически исключается из товарищества, а новый — включается.

На общем собрании, которое является высшим органом власти в товариществе собственников жилья (ТСЖ), выбирается правление, которое осуществляет управление кондоминиумом. Правление может управлять домом:
- ✓ непосредственно, самостоятельно;
- ✓ через управляющего (физическое лицо);
- ✓ через управляющую компанию (УК) – юридическое лицо.

В небольших кондо правление самостоятельно нанимает слесаря, уборщицу, ведет бухгалтерию и т. д., но чаще нанимается управляющий, который ведет все хозяйство. В крупных кондо нанимается УК, с которой заключается договор на оказание услуг управления.

Фактически задачей правления является поиск управляющего (или УК), заключение с ним договора управления и контроль над его работой. Если управляющий (или УК) работает плохо, договор с ним расторгается (не продлевается) и подыскивается новый. В свою очередь, остальные совладельцы должны контролировать работу правления и переизбрать его в случае неудовлетворительной работы на очередном (или внеочередном) собрании. Таким образом реализуется принцип коллективного управления. Члены правления за свою работу из средств остальных совладельцев получают небольшую оплату.

Все совладельцы обязаны вовремя оплачивать коммунальные услуги и затраты по обслуживанию дома. УК получает обычно за свои услуги 10% от всех платежей, т. е. к расходам каждой семьи на жилище добавляются 10% за управление домом. Расчеты за электроэнергию, тепло, водопровод и канализацию обычно осуществляются по входным общедомовым счетчикам. В случае неуплаты ресурсоснабжающая организация обычно отключает весь дом целиком. Одной из важнейших функций УК является сбор платежей с жильцов. Каждая квартира платит либо по собственным счетчикам, либо по усредненным на каждого жильца показаниям входных счетчиков. В конце каждого месяца УК подбивает итоги и раскладывает по почтовым ящикам счета для оплаты. В зависимости от фактического потребления ресурсов суммы могут отличаться от месяца к месяцу. В случае задержки платежей жильцом УК применяет все меры воздействия к неплательщику вплоть до продажи его имущества и даже квартиры. В случае продажи квартиры необходимая сумма выплачивается в счет долга, оставшаяся часть возвращается бывшему владельцу.

Коллективная форма собственности и управления не является эффективной, коллективно управлять нелегко. При неправильном выборе УК и отсутствии контроля над ее работой дом начинает плохо обслуживаться, задержка платежей приводит к систематическим отключениям воды, света, тепла и т. д. Поэтому распространение кондоминиумов после короткого взлета затормозилось. В современных зарубежных развитых странах их доля не превышает 20–30% всего городского жилья. Из-за неспособности совладельцев эффективно управлять кондоминиумом возможен и еще более тяжелый вариант: с ухудшением обслуживания наиболее обеспеченные жильцы начинают продавать свои квартиры и переезжать в более благополучные дома. Цена на квартиры в этом доме

31

снижается, в него начинают вселяться люди более низкого социального статуса, обслуживание еще ухудшается, цены на квартиры снижаются еще больше и т. д. — процесс приобретает лавинообразный характер. В конечном счете квартиры обесцениваются, дом превращается в трущобы, заселенные безработными, иммигрантами и прочим маргинальным людом. А те, кто вначале приобрел квартиры в этом доме, теряют вложенные деньги. Конечно, такой сценарий нежелателен ни для жильцов, ни для городских властей, поэтому для предотвращения таких ситуаций принимаются меры законодательного характера. Дом, превратившийся в трущобы, «вылечить», как правило, не удается, его можно только снести, построив на его месте новый дом, разбив сквер или парк.

Еще один серьезный недостаток жизни в кондо: ограничение мобильности человека. Для смены места жительства (например, в поисках работы) необходимо квартиру продать, а на новом месте купить. Издержки при этом могут достигать 10–15% стоимости квартиры, кроме того, есть риск мошенничества со стороны риелторов-посредников. Поэтому собственной квартирой обзаводятся чаще люди в возрасте, уже определившиеся в жизни, молодые предпочитают арендное жилье.

Муниципальный арендный дом

Этот вид жилого дома относится к категории социального жилья, поэтому несколько слов о социальном жилье вообще. Это жилье для самых бедных, которые не могут самостоятельно решить жилищные проблемы. Им помогают, чтобы они не жили на вокзалах, на лавках в парке, на свалках и т. д. Социальное жилье существует во многих странах, можно выделить три способа помощи малоимущим:

✓ предоставление квартиры в муниципальном арендном доме;

32

✓ аренда квартиры для малоимущего в частном доходном доме;

✓ смешанная форма.

Отметим, и это принципиально, что **нигде помощь малоимущим не оказывается путем предоставления жилья в собственность через дотации для покупки.** Это противоречит экономической и социальной логике. Бедный человек не в состоянии эффективно содержать собственность, управлять ею, защищать от преступных посягательств. Рано или поздно он ее потеряет и снова станет претендентом на социальное жилье.

В большинстве стран малоимущим предоставляют в аренду квартиру в муниципальном многоквартирном доме. Это дом, построенный на средства городского бюджета, находящийся в собственности и управлении муниципалитета или специализированной организации и под его контролем, например, «коммунальный дом» в Швеции, коммуна в Италии, HLM во Франции. Малоимущая семья, подавшая заявление, получает квартиру в таком доме в аренду или ставится на очередь, если свободных квартир нет. Квартира предоставляется в аренду не на всю жизнь, а лишь до тех пор, пока семья находится в категории «малоимущие». При выходе из этой категории она обязана освободить квартиру, в которую вселяются в порядке очередности другие малоимущие. Критерий, как правило, единственный — если среднемесячный доход семьи за год меньше установленного местной властью уровня, то семья признается малоимущей (в США и некоторых других странах критерий другой — если среднедушевой доход члена семьи за год меньше половины такового в среднем по округу). Квартплата и коммунальные услуги в таком доме примерно на 50% дотируются из местного бюджета. В некоторых странах (например, в Голландии) дотация зависит от дохода жильцов: чем он выше, тем дотация меньше и наоборот.

Управляет муниципальным арендным домом департамент муниципального жилья через управляющую компанию (чаще всего тоже муниципальную) или специальная жилищная ассоциация, находящаяся под контролем муниципалитета. Никаких форм самоуправления (домком и т. д.) не существует. К неплательщикам применяют все меры воздействия, включая продажу имущества за долги, но на улицу людей не выселяют. Если семья не в состоянии платить, ей предоставляется дополнительная дотация. Подлежат обязательному выселению семьи, переставшие быть малоимущими, но реально эта мера применяется крайне редко. Муниципальный дом – это дом, как правило, упрощенной планировки, низкокомфортный, расположенный в непрестижных районах, кроме того, населенный преимущественно, мягко говоря, малосимпатичной публикой. Поэтому как только у семьи появляются деньги, чтобы купить или арендовать приличное жилье, она как можно быстрее самостоятельно и без напоминаний покидает эту обитель нищеты. Муниципальные власти по закону обязаны строить муниципальные арендные дома для малоимущих на бюджетные деньги. Например, во Франции принят закон, согласно которому доля муниципального жилья в структуре городского жилого фонда не должна быть меньше 30%.

Другим способом обеспечения жильем малоимущих является аренда в частном доходном доме. По согласованию с властями (и получая за это определенные льготы) домовладелец предоставляет несколько квартир для малоимущих, за которые полностью или частично платит муниципалитет. Не все домовладельцы соглашаются на это, т. к. соседство с малоимущими снижает привлекательность и соответственно цену аренды на другие квартиры в этом доме. Идут на это, как правило, владельцы доходных домов средней и низшей ценовой категории.

Отметим, и это принципиально, что нигде местные власти не используют для этих целей квартиры в кондоминиуме. Во-первых, квартиру необходимо приобретать на баланс муниципалитета, во-вторых, возникают проблемы членства в ТСЖ

34

и участия в управлении кондо, что невыгодно ни властям, ни совладельцам. В-третьих, соседство с малоимущими создает дискомфорт и неблагоприятную психологическую атмосферу в доме. Известно, что всего одна семья может отравить жизнь всему подъезду, а то и всему дому. Кроме того, нарушается принцип социальной справедливости: человеку, заработавшему своим трудом на квартиру, психологически неприятно жить по соседству с человеком, получившим точно такую же квартиру бесплатно. Наконец, увеличивается риск маргинализации такого кондоминиума и деградации его в трущобное состояние.

Третий вид обеспечения жильем малоимущих – смешанный, когда самых бедных обеспечивают муниципальным жильем, т. е. квартирой в муниципальном доме, а тех, кто немного побогаче, – квартирой в частном доходном доме, арендуемой за счет муниципалитета. Такой принцип существует, например, в Финляндии.

Жилье
в зарубежных
развитых
странах

Отметим, что во многих странах государство поощряет строительство жилья путем предоставления гражданам льготного (а то и вовсе беспроцентного) кредита на часть суммы, налоговых скидок и т. д. Но нигде участие государства не принимает форму прямого финансирования или выдачи безвозмездных субсидий.

Структура городского жилья

Каждый вид многоквартирного дома, рассмотренный выше, удовлетворяет те или иные потребности жителей города, каждый вид имеет свои достоинства и недостатки. Поэтому в структуре городского жилья они занимают свою определенную долю. **Структура городского жилого фонда складывается столетиями** и зависит от традиций, менталитета, экономических и политических реалий, существующего законодательства. Например, в США и Канаде люди не любят многоквартирные дома, тем более коллективную форму собственности, поэтому преобладающим видом городского жилья там является частный односемейный дом. Некоторые цифры, характеризующие структуру жилого фонда в разных странах, приведены в таблице 1.

Таблица 1

Вид жилого дома	США	г. Нью-Йорк	Швеция	Англия	Австрия
Частный односемейный дом	40%	20%	26%	35%	40%
Кондоминиум, кооператив	10%	10%	20%	20%	30%
Частный доходный дом	44%	60%	30%	23%	20%
Муниципальный арендный дом	6%	10%	24%	22%	10%
Всего	100%	100%	100%	100%	100%

Структура в разных странах разная, но существует одна общая закономерность: количество жилья, находящегося в собственности жильцов, примерно равно количеству жилья в аренде (например, доля собственного жилья в Германии – 40%, Швеции – 45%, Голландии – 45%, Франции – 55%). Это соотношение (50:50) является достаточно устойчивым для современных развитых стран и сохраняется на протяжении последних нескольких десятилетий.

В заключение главы – зарисовка о городском жилье в современной Франции.

Жилье во Франции

Во Франции тот, кто хочет иметь кров над головой, его имеет. В метро и в коробках на улицах живут только клошары, люди, опустившиеся и не желающие делать никаких усилий, чтобы жить по-человечески. Государство их только бесплатно лечит, но жилье и пенсию просто так не дает. Нужно потру-

36

диться, что практически невозможно для субъекта, находящегося в вечном запое. Для получения государственного (муниципального) жилья необходимо подать в муниципалитет города прошение и подготовить необходимые документы, удостоверяющие вашу личность, бедственное положение, наличие опекаемых детей и прочих родственников. И конечно же, пребывание во Франции должно быть законным. После рассмотрения прошения выделяется жилая площадь согласно нормативам. Конечно, приватизировать такую квартиру нельзя, она остается в собственности города.

Желающих получить социальное жилье много, а государство не успевает строить, так как норма квадратных метров на человека во Франции совсем не маленькая. Приходится вставать на очередь и ждать от нескольких месяцев до нескольких лет. Могут дать без очереди при особой благожелательности мэрии.

В основном такое муниципальное жилье строится в промышленных городах. Такое жилье во Франции называется HLM, и живут там люди без особых запросов: низкоквалифицированные рабочие, охранники, уборщики и прочие представители низкооплачиваемых профессий, малоимущие. В таких домах селятся люди, потерявшие или не имеющие себе применения, живущие только на государственное пособие. Жильцы таких домов настолько разнятся интересами, что в сообщества не объединяются. Единственное общее – это нужда.

Хотя по французским законам строить такое жилье обязан каждый город, многие муниципалитеты уклоняются от этого под любым предлогом либо все-таки строят, но где-нибудь на окраине, возле автомагистралей, железнодорожных путей или промышленных территорий. Самое главное – подальше от хороших районов, чтобы дети не ходили в одну школу.

Культурный уровень обитателей таких районов низок. Там поселяются в основном переселенцы из слаборазвитых стран

Африки и Азии, которые продолжают соблюдать свои обычаи и ходят в национальных одеждах. Особо верующие мусульмане не отказываются от своих атрибутов: борода у мужчин и черный платок на голове у женщин. Дочери таких родителей не ходят в школу – французская бесплатная общеобразовательная школа запрещает ношение в классах головных уборов. Мальчики не проявляют интереса к учебе. Они ограничиваются надписями на стенах родного подъезда и автомобилях соседей. Сказывается избыток энергии, освобожденной от умственных усилий. Все, что может ломаться в этих домах, уже сломано. Оставленный у подъезда на две минуты велосипед исчезнет без следа, а прикованный цепью к забору будет изуродован. Мусор на улицах – нормальное явление, его выбрасывают из окон, тараканы в таких домах – обычное дело.

Поселившиеся по незнанию в таких домах выходцы из России через какое-то время все же изыскивают возможность сбежать от такого соседства и предпочитают платить больше за снятую квартиру или дом, но чувствовать себя цивилизованным человеком. Для африканцев возможность арендовать квартиру, где захочется, невыполнима. Во избежание конфликта с соседями владелец респектабельного дома найдет причину для отказа, хотя по французским законам все имеют равные права и расизм запрещен. Таким образом, иммигранты живут только там, где не живут люди с достатком. Образуются нелегальные резервации.

Покупка собственного жилья – мечта любого. Государство несколько помогает, давая беспроцентную ссуду в объеме 100 тыс. франков (приблизительно 13 тыс. долл.) на значительный срок. Можно взять параллельно ссуду в коммерческом банке, но уже под проценты и гарантии. Многие французы идут на такой шаг, предпочитая платить в виде процентов банку примерно такую же сумму, как хозяину снимаемого жилья. Плата за арендованную квартиру во Франции в 2000 году составляла в среднем 3–4 тыс. франков в месяц (приблизитель-

38

но 400–500 долл.) при минимальной оплате труда 7 тыс. франков (приблизительно 900 долл.) и средней зарплате порядка 1,8–2 тыс. долл. в месяц. Конечно, для реализации мечты нужно быть уверенным в своих силах и иметь постоянную работу.

Взяв ссуду на 10–15 лет в дополнение к государственной ссуде, уже можно купить приличное жилье. При покупке дома (коттеджа) нужно быть предельно осторожным – 8% домов во Франции поражено термитами, превращающими со временем все деревянные конструкции в труху. Покупая такой дом, вы подписываете себе приговор. Определить наличие термитов в доме может только специалист. Не стоит скупиться на оплату экспертизы, особенно если дом продается подозрительно недорого.

Покупая квартиру в многоэтажном кондоминиуме, нужно поинтересоваться, когда был последний ремонт самого дома. Ремонт дома правление дома осуществляет каждые пять – десять лет, возлагая все расходы на жильцов независимо от их согласия. Такие обязательные платежи весьма обременительны. Представьте, какой неожиданный сюрприз вы можете получить через месяц-два после покупки квартиры в еще не отремонтированном доме.

Для французов основными критериями при покупке жилья являются безопасность и покой, достаточная близость к коммерческим зонам и транспортным артериям для поездок на работу. Агентства по продаже недвижимости за каждую проведенную сделку берут 13% от суммы сделки до 800 тыс. франков и 5% от суммы более крупной сделки. Затем существенная оплата услуг нотариальной конторы за юридическое оформление покупки. Иностранцам не запрещено покупать недвижимость во Франции.

ЖИЛЬЕ В СОВРЕМЕННОЙ РОССИИ

Российский многоквартирный дом

Как отмечалось, в современных зарубежных развитых странах известно три вида многоквартирных домов: частный доходный дом, кондоминиум и муниципальный арендный дом. В результате бесплатной приватизации квартир в государственных домах в России появился четвертый вид многоквартирного дома – принципиально новый, не имеющий признаков системности, т. е. внесистемный. Основной признак такого дома – смешение форм собственности, конгломерат разнородных собственников и нанимателей: собственники квартир, коммерческие наниматели, социальные наниматели, собственники нежилых помещений, жильцы коммунальных квартир, малоимущие, маргиналы и все, все, все. Среди собственников квартир наличествует существенная неоднородность: наряду с состоятельными людьми квартиры приватизировали фактически малоимущие.

Поначалу такой внесистемный дом именовался кондоминиумом, но вскоре стало ясно, что этот разношерстный контингент ни теоретически, ни практически не способен объединиться для совместного владения и управления домом, поэтому термин «кондоминиум» исчез из законодательства и

41

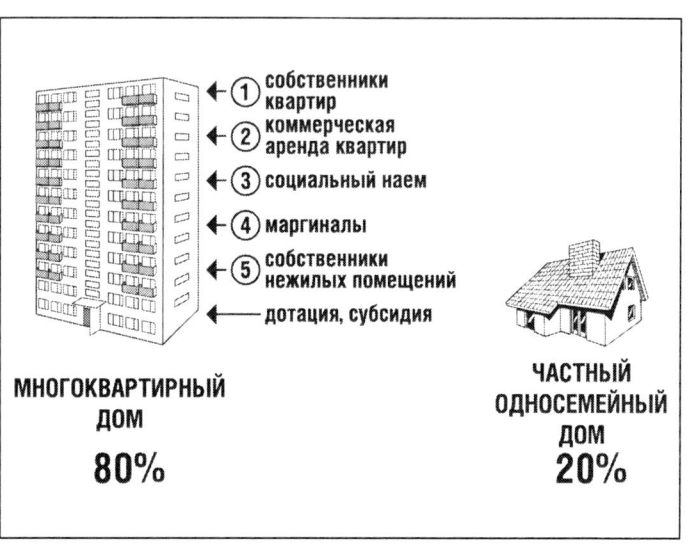

Рис 1. Структура жилого фонда (домов) в современной России

был заменен термином «многоквартирный дом». Российский многоквартирный дом со смешанной формой собственности, в котором не создано юридическое лицо (ТСЖ), далее везде в тексте будем именовать конгломератом.

Конгломерат имеет неопределенную форму собственности: до 1 марта 2005 года (дата введения в действие нового Жилищного кодекса) он находился на балансе юридического лица (органа местной власти), после 1 марта 2005 года он перешел «на баланс» совладельцев, не имеющих юридического лица, т. е. стал фактически ничьим.

Российский конгломерат оказался очень устойчивой и живучей формой, он постоянно самовоспроизводится. **Большинство построенных после 1992 года и вновь строящихся многоквартирных домов – это опять конгломераты**: часть квартир в них продается, часть отходит городу в качестве муниципаль-

42

ного жилья и заселяется малоимущими, нежилые помещения продаются сторонним юридическим лицам. Среди собственников квартир быстро происходит социальное расслоение, часть владельцев беднеет, маргинализуется – и опять готов новый «винегрет»! Причина этого – высокая прибыльность при строительстве конгломератов и продаже квартир в собственность (до 200–300%) для строительного бизнеса и связанного с ним коррумпированного чиновничества.

Примерно 5% многоквартирных домов сумели создать юридическое лицо – ТСЖ и взять владение и управление домом в свои руки. Еще 5% – это ЖСК советских времен, которые с самого начала имели юридическое лицо и организованные формы коллективного управления.

За все время реформ в России не было построено ни одного частного доходного дома. И это при огромном спросе на арендное жилье! Сейчас в России роль коммерческого арендного жилья играют квартиры в собственности. Этот рынок узок, в основном нелегален, предложение невелико, поэтому цены очень высокие. Например, в Москве в 2005 году цена аренды стандартной двухкомнатной квартиры в непрестижном районе достигала 500 долл. в месяц, что сравнимо с Западной Европой (при том что средняя зарплата примерно в 10 раз меньше). Фактически коммерческая аренда квартиры в России доступна только для семей с высокими доходами. Отметим как курьез появление в Подмосковье доходных дачных поселков, в которых дома сдаются в аренду, и ни одного частного доходного дома в Москве!

Среди причин этого отметим:
- ✓ отсутствие законодательной базы;
- ✓ длительный срок окупаемости проекта (8–10 лет);
- ✓ проблемы с частной собственностью на городскую землю;
- ✓ высокая прибыльность при строительстве конгломератов и продаже квартир в собственность;

✓ противодействие строительной олигархии и связанных с ней коррумпированных чиновников.

Муниципальный многоквартирный арендный дом в современной России также отсутствует. После того как в бывшем муниципальном доме приватизируется хоть одна квартира, он автоматически переходит в категорию конгломератов. Роль муниципального жилья играют квартиры, оставшиеся неприватизированными. Среди причин этого:

✓ отсутствие законодательной базы;

✓ нежелание городских властей строить и обслуживать такие дома;

✓ противодействие строительной олигархии, которой выгодно, чтобы все малоимущие покупали квартиры с дотацией из бюджета.

Структура городского жилья по формам собственности жилых домов приведена в таблице 2, для сравнения – структура в среднем по Западной Европе.

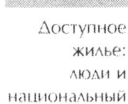

Таблица 2

Вид жилого дома	Россия	г. Москва	в среднем по Зап. Европе
Частный односемейный дом	20%	–	30%
Кондоминиум (с ТСЖ), кооператив	10%	10%	20%
Частный доходный дом	–	–	40%
Муниципальный арендный дом	–	–	10%
Конгломерат	70%	90%	–
Всего	100%	100%	100%

Из этой таблицы видно, что структура городского жилья по формам собственности жилых домов в России резко, принципиально отличается от зарубежных развитых стран.

44

Управление многоквартирным домом

Под управлением понимается воздействие на объект (изменение его параметров, характеристик) для достижения некоторой цели (целей), поставленной субъектом управления. Все объекты, принадлежащие к биологическим и социально-экономическим системам, имеют цель, которой они должны достичь: живые организмы имеют целью физическое выживание и производство потомства, коммерческие предприятия имеют целью получение прибыли, некоммерческие – выполнение возложенных на них функций и т. д. Если нет одной какой-то четко выделенной цели, то, как правило, целью становится выживание объекта и повышение эффективности его работы, т. е. снижение расходов и увеличение отдачи, полезного эффекта.

Любое управление состоит из трех этапов:

1) сбор информации об управляемом объекте и окружающей среде;
2) анализ этой информации и выработка управленческого решения;
3) воздействие на объект управления.

Управление может быть неэффективным, если управляемый объект цели управления не достигает вообше; низкоэффективным, когда на достижение цели затрачивается много ресурсов и времени; и эффективным (оптимальным), когда цель достигается быстро и с минимальными затратами. В условиях конкуренции и борьбы за выживание в биологическом мире и конкурентной рыночной экономики в социально-экономических системах управление становится одним из важнейших факторов. В биологическом мире наибольшего успеха достигли млекопитающие, у которых имеется наиболее совершенный орган управления – головной мозг.

Все сказанное справедливо и для ЖКХ в целом, и для многоквартирного дома в частности как элементов социально-экономической системы, причем по мере усиления рыночных

45

факторов роль управления возрастает. Отметим, и это принципиально, что **объектом управления в жилом секторе может быть только дом в целом**, но никак не отдельная квартира (как принято считать в России), так как квартира может существовать только в составе дома и подвести к ней коммуникации отдельно от всего дома невозможно. Целью управления многоквартирным домом является обеспечение для жильцов комфортного проживания, качественных коммунальных услуг при наименьшей оплате.

Субъектом управления всегда является собственник, владелец, он формулирует цели управления, он больше всех заинтересован в выживании и эффективном функционировании объекта. Частной собственностью управляет частный собственник, коллективной собственностью — коллектив, муниципальной — орган муниципальной власти. Владелец управляет своей собственностью в своих интересах, преследуя свои цели.

Как отмечалось выше, управление различается по эффективности, для ее повышения владелец может привлекать профессиональных управленцев — менеджеров (физических лиц) или управляющую компанию (УК) — юридическое лицо. В настоящее время в России распространено заблуждение, что объектом (в частности, многоквартирным домом) управляет УК, на самом деле управляет владелец, а УК — всего лишь посредник, команда наемных менеджеров, нанятая владельцем для повышения качества управления. Владелец обязан контролировать этих управленцев, иначе они начинают действовать в собственных, а не в его интересах.

До введения в действие нового ЖК российские многоквартирные дома-конгломераты управлялись органом местной власти через муниципальную УК – РЭУ или ДЕЗ. Все мы знаем на собственном опыте, что эффективность этого управления низка. После 1 марта 2006 года все конгломераты на собраниях жильцов должны выбрать себе УК или управлять самостоятельно (создав ТСЖ или непосредственно). В противном случае местная власть принудительно назначит дому некую УК – в связи с тотальным провалом этой нормы ее пришлось продлить на год. Повысится ли при этом качество управления многоквартирным домом, мы обсудим в следующей главе. Отметим, что существуют еще и органы общественного самоуправления домом (домком, старшие по дому, по подъезду), но они не имеют реальных полномочий, и их участие в управлении незначительно.

Несколько иначе обстоят дела с управлением в многоквартирных домах, где создано ТСЖ, и в ЖСК советских времен. Некоторые ТСЖ, в основном созданные по инициативе самих жильцов, и некоторые ЖСК сумели организовать механизм коллективного управления и управляют домом достаточно эффективно. Такие дома обслуживаются лучше, и квартплата растет не так быстро, как в конгломератах. Остальные ТСЖ (особенно созданные принудительно при строительстве нового дома, при административном вмешательстве и т. д.) и ЖСК работают неэффективно, нередко еще хуже, чем дома под управлением РЭУ и ДЕЗов. Неэффективность коллективного владения и управления выражается в узурпации власти правлением, необоснованных тратах и хищениях, непрозрачности и финансовых махинациях, резком повышении квартплаты при снижении качества обслуживания и прежде всего в некомпетентности как самих владельцев квартир, так и избранного ими правления. Способствуют этому пробелы и явные просчеты в законодательстве о ТСЖ. Жильцы таких домов мечтают о переходе в управление ДЕЗом, для защиты своих прав они даже создают общественные организации, например движение «Против произвола в жилищных объединениях» (лидер – Галина Нагария).

Нередко застройщик (строительная фирма) сам организует ТСЖ, за гроши покупая подписи учредителей, сажает туда своих людей, а затем превращает этот дом в «дойную корову», завышая коммунальные платежи и поправляя таким образом свое финансовое положение. Распространено мошенничество в виде создания фиктивных ТСЖ, фальсификации общих собраний, подделки документов и печати ТСЖ и т. д.

Таким образом, на сегодняшний день в России лишь малая часть многоквартирных домов (не более 5%) управляется более-менее удовлетворительно, управление остальными домами низкоэффективно.

Эффективность видов городского жилья

В современных городах существует четыре вида городских жилых домов:

✓ частный односемейный дом;
✓ частный доходный дом;
✓ кондоминиум, кооператив;
✓ муниципальный арендный дом.

И в России есть еще один, пятый вид — российский конгломерат.

В Институте проблем управления РАН на основе математических моделей и экспертных оценок было проведено исследование эффективности этих пяти видов городских жилых домов. Оценки проводились по 20 критериям, среди которых: доступность жилья, мобильность жильцов, степень криминогенности, уровень расходов (доходов) бюджета на содержание дома, коррупционная емкость, степень эффективности управления, качество жилищно-коммунального обслуживания, однородность локального социума, безопасность и т. д. Результаты общей интегральной оценки эффективности каждого вида жилого дома приведены ниже:

✓ частный доходный дом — 8.50;
✓ частный односемейный дом — 2.45;
✓ кондоминиум, кооператив — 1.90;
✓ муниципальный арендный дом — 1.15;
✓ российский конгломерат — 1.00.

Таким образом, по интегральной оценке наиболее эффективным среди всего городского жилья является частный доходный дом, наименее эффективным — конгломерат, эффективность которого оказалась в 8,5 раза ниже, чем у доходного дома. Эти результаты подтверждаются мировой практикой: в структуре городского жилья в современных развитых странах наибольшую долю занимает наиболее эффективное жилье — частный доходный дом, наименьшую — муниципальный арендный дом, и нигде не встречаются конгломераты, т. е. наименее эффективное жилье. Это понятно, так как такой конгломерат (наиболее близкой аналогией служит низкоэффективный кондоминиум) не выживает в рыночной среде, которая существует в ЖКХ, он погибает, превращается в трущобу. Выжить он может только с помощью финансовых вливаний из бюджета и административного вмешательства, что в зарубежных странах не практикуется. И вообще, чем менее эффективно функционирует многоквартирный дом, тем больше у местной власти головной боли и финансовых затрат для предотвращения его деградации в трущобное состояние.

Из результатов этого исследования следует вывод, что **сложившаяся в современной России структура жилого фонда по формам собственности является резко неэффективной**. Ситуация, при которой в социально-экономической системе возникает устойчивый, постоянно самовоспроизводящийся неэффективный объект, в экономике называется «институциональной ловушкой». Выбраться из нее очень трудно. Причина нашего попадания в эту ловушку — ошибочная приватизация обособленных квартир в государственных домах.

Функционирование ЖКХ

Центральным звеном всей системы ЖКХ является жилой дом, который предоставляет жильцам услуги жилья непосредственно и коммунальные услуги опосредованно (рис. 2).

Кратко рассмотрим функционирование российского ЖКХ применительно к жилому многоквартирному дому — конгло-

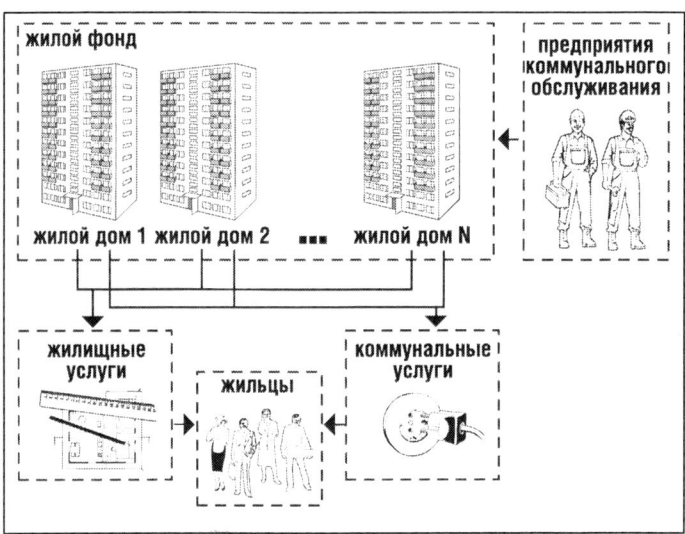

Рис. 2. Укрупненная структурная схема ЖКХ

мерату. В настоящее время входные общедомовые приборы учета (счетчики) поступающих ресурсов в большинстве многоквартирных домов отсутствуют. Единицей, объектом потребления ресурсов является квартира, которая заключает (теоретически) договор с поставщиками. Жильцы платят не за фактически потребленные ресурсы (за исключением электроэнергии), а некий тариф, умноженный либо на количество квадратных метров, либо на число зарегистрированных (отнюдь не проживающих фактически) в квартире людей.

Тариф устанавливается местной властью исходя из некоторых «экономически обоснованных» соображений. Эти соображения учитывают низкую эффективность предприятия — поставщика ресурсов, потери в ветхих сетях и расходы на их ремонт, административные расходы, зарплату персоналу, различные убытки, потери (в том числе воровство и хищения)

50

и т. д. Чем эти расходы больше, тем тариф выше, т. е. применяется затратный механизм ценообразования. Все предприятия – поставщики ресурсов монополисты, и альтернативы им в настоящее время нет. Есть еще плата за наем жилого помещения, которую собственники квартир не платят.

При такой схеме оплаты услуг ЖКХ предприятия – поставщики ресурсов (электроэнергия, горячая и холодная вода, тепло) не особенно утруждаются качеством своей продукции. Отключения воды, электричества, чуть теплая вода из-под крана, еле теплые батареи, скачки напряжения в сети – обычное явление. Попытки жильцов дома снизить плату за некачественные и непоставленные ресурсы не имеют успеха даже через суд. Зато у жильцов есть возможность не оплачивать коммунальные услуги вообще. Существующие методы противодействия неплатежам неэффективны: предприятие не имеет права отключить весь дом от ресурсов, отключить отдельно квартиру неплательщика технически и организационно очень сложно, муниципальные чиновники неохотно (обычно демонстративно-выборочно, что дает лишь кратковременный эффект) занимаются выбиванием долгов с неплательщиков, они в этом не заинтересованы. Основной метод борьбы – затыкание финансовых дыр из бюджета и перекладывание долгов на плечи честных плательщиков путем повышения тарифов.

По причине низкой эффективности и неплатежей большинство предприятий ЖКХ на сегодняшний день – банкроты, существование которых поддерживается только за счет бюджетных финансовых вливаний и административного вмешательства. Очевидно, по мере повышения тарифов на услуги ЖКХ неплатежи будут нарастать, массовые неплатежи грозят крахом всей системы ЖКХ.

В тех домах, где установлены входные счетчики ресурсов, ситуация с неплатежами и с качеством услуг ЖКХ не улучшается. Без договорных отношений между поставщиком и потребителем, регулируемых Гражданским кодексом, и до тех пор, пока предприятие не получит право отключать за неоплаченные поставки ресурсов (зафиксированные входными счетчиками) весь дом целиком, с неплатежами справиться невозможно. Но при этом возникают другие проблемы, которые мы обсудим в следующих главах.

Московский «оазис»

Москва претендует на особый путь в реформировании ЖКХ и гордится якобы продвинутостью, мягкостью реформ и социальной защищенностью жителей. Действительно, в Москве состояние ЖКХ в целом лучше, чем в среднем по России. Если многие регионы уже перешли на стопроцентную оплату услуг ЖКХ, то москвичи оплачивают порядка 80%, если федеральный стандарт оплаты составляет 22%, то в Москве – 13%, а с 2004 года малообеспеченные платят от 0 до 10%. Но ведь Москва – богатый город. А что же сделала Москва непосредственно в жилищной сфере?

Московское правительство с помпой инициирует различные программы в сфере ЖКХ, объявляя их очередным этапом реформы. Но все их ждет одна участь – через некоторое время после рекламной шумихи они тихо умирают. Так было с программой добровольной стопроцентной оплаты услуг ЖКХ богатыми, так было с намерением посадить во все московские подъезды консьержек (частично за счет бюджета), с идеей массового внедрения ТСЖ и т. д. Неудачным был и проект первого муниципального доходного дома, сама идея которого в корне ошибочна: муниципальный дом строится не для извлечения прибыли, а для решения социальных задач, тогда как муниципальная власть не имеет права заниматься бизнесом. Фактически, кроме повышенных дотаций на ЖКХ, Москве нечем похвастать перед остальной Россией.

Зато московские власти преуспели в другом. В городе идет колоссальное, невиданное с хрущевских времен строительст-

Доступное жилье: люди и национальный проект

во. Каждый год строится 4,5–5 млн. м² жилья – это средний по российским меркам город с населением в 200 – 300 тыс. жителей, в огромных масштабах возводятся муниципальные объекты: бизнес-центры, театры, галереи, концертные залы и т. д. Строительство идет днем и ночью, без праздников и выходных, новостройки пытаются «воткнуть» на каждый свободный квадратный метр земли. Особенно выгодно строить и продавать жилье – себестоимость 1 м² составляет порядка 500 долл., а продается он уже за 2000 долл., что означает 300% прибыли(!) на вложенный капитал. Помните, у Маркса: «Обеспечьте 10%, и капитал согласен на всякое применение, при 20% он становится оживленным, при 50% положительно готов сломать себе голову, при 100% он попирает все человеческие законы, при 300% нет такого преступления, на которое он не рискнул бы, даже под страхом виселицы».

Московский строительный бизнес не останавливается ни перед чем: уничтожаются памятники архитектуры, проводится сверхуплотнительная застройка, дома специально не ремонтируются, чтобы потом признать их ветхими и снести, освободив площадку для коммерческой застройки. **Строительство в Москве носит ярко выраженный хищнический характер при поддержке связанных со строительным бизнесом высших московских чиновников.** Львиная доля городского бюджета – это бюджет стройкомплекса. Не будет преувеличением сказать, что подлинным хозяином в Москве является именно строительная олигархия. Свыше 50% построенного жилья приобретается иногородними – Москва медленно, но верно превращается из мегаполиса в гигаполис.

А ведь строятся преимущественно те же конгломераты! Попытки создать в них ТСЖ не имеют успеха, в Москве из 40 тыс. жилых домов только примерно в 2000 зарегистрированы ТСЖ, реально работают около 600, в основном в Центральном округе, эффективно работающих еще меньше. Убедившись в тщетности попыток создания ТСЖ, московские вла-

53

сти вновь обратились к идее домкома. Одна из последних новаций московского правительства – приобретение малообеспеченными жилья в собственность с помощью дотаций из бюджета, т. н. социальная ипотека. О порочности такого подхода мы уже упоминали ранее: малоимущие не способны содержать свою собственность, управлять ею, защищать от преступных посягательств. Нищие собственники ее все равно рано или поздно лишатся (часто вместе со своей жизнью) и опять станут претендентами на социальное жилье. Впрочем, логика здесь все же есть – перекладывание бюджетных денег в карман все той же строительной олигархии.

В отличие от большинства российских городов в Москве не строятся частные односемейные дома, что было бы вполне возможно при наличии грамотных договорных отношений с Московской областью. Московское правительство предпочитает строить многоэтажные дома, ее примеру следует и область. Поэтому среди всех российских городов в Московской агломерации сложилась самая неблагоприятная структура жилого фонда по формам собственности жилых домов, 90% которого – низкоэффективные конгломераты. Такое жилье можно поддерживать на более-менее пристойном уровне только за счет двух факторов – крупных бюджетных вливаний и мощной командно-административной системы. Когда эти подпорки ослабеют, а это произойдет неизбежно, московское ЖКХ ждут тяжелые времена.

Всеобщая кондоминиумизация

Итак, основным видом многоквартирных домов в городах России в настоящее время является конгломерат. Наиболее близкий аналог этого вида дома – кондоминиум. Это коллективная форма собственности и управления, которая даже в своем классическом виде не является эффективной, российский же конгломерат – это кондоминиум без управления, он еще хуже, еще менее эффективен. Таким образом, за период с начала реформ мы перешли в жилишной сфере от низкоэффективной госсобственности к коллективной форме собственности в ее худшем виде, т. е. фактически произошла всеобщая коллективизация (кондоминиумизация) жилого фонда.

Явно напрашиваются параллели с всеобщей коллективизацией сельского хозяйства в России в 20–30-х годах XX века. Тогда в качестве единственной формы сельскохозяйственных предприятий искусственно насаждались колхозы, которые в силу специфики коллективной собственности в большинстве своем были низкоэффективными и убыточными. Результатом такой политики стал тяжелейший кризис отрасли, не преодоленный до сих пор, голод миллионов людей, разорение деревни. **Приватизация квартир в государственных домах и массовое строительство конгломератов практически означают вторую волну коллективизации, только в жилишной сфере.** Каковы будут результаты и последствия, предугадать нетрудно.

Подведем итоги. Комфортной жизнь жильцов наших домов-конгломератов не назовешь. Низкое качество коммунальных услуг, грязь, заплеванные лифты, пьянь и хулиганье в подъездах; плохая работа слесарей, дворников и уборщиц, соседство с малоимущими, пьяницами, наркоманами и опустившимися людьми (которые становятся опасными для соседей и всего дома: пожары, утечки газа с угрозой взрыва, протечки, нападения на жильцов и т. д. – эти риски вполне реальны); чужие, незнакомые, нелегальные арендаторы (иногда это десятки людей в одной комнате, среди которых могут быть и преступники, и террористы, и зараженные опасными инфекциями); расслоение, разобшение, отчуждение и т. д. и т. п. В тяжелую проблему превратились неквалифицированные (вплоть до полного безумия) перепланировки – постоянный шум и грохот мешают жильцам, нарушение строительных конструкций грозит всему дому авариями и даже разрушением. Все меры борьбы с этим явлением неэффективны. Неэффективны существующие методы борьбы и с вандализмом, наносящим серьезный ущерб имуществу дома.

Качество жизни в таком доме можно определить как тяжелый дискомфорт и стресс. Причем в каждом вновь построенном многоквартирном доме, за исключением чрезвычайно дорогих, т. н. элитных, картина повторяется. Во многих ТСЖ жизнь осложняется еще и «участием в управлении», что нередко выражается в непрерывной и тяжелой борьбе с самодурами, а то и проходимцами, засевшими в правлениях, в бесплодных попытках собрать общее собрание и как-то повлиять на ситуацию. Иностранцы удивляются, почему русские покупают квартиры в таких домах. Но других вариантов нет, и мы продолжаем уверенно штамповать конгломераты (и объявляем это даже национальной программой), для нас главное – как можно больше квадратных метров. Но об этом – в следующей главе.

РЕФОРМИРОВАНИЕ ЖКХ

КАК УЖЕ ОТМЕЧАЛОСЬ, 15 лет с начала новейшей истории России мы живем в состоянии перманентной жилищно-коммунальной реформы, окончания которой не видно, как не видно и реальных результатов. Главным недостатком современной российской системы ЖКХ является ее крайне низкая эффективность. При больших, постоянно растущих затратах человеческого труда, финансовых и материальных ресурсов качество жилищных и коммунальных услуг остается неудовлетворительным. Реформирование ЖКХ – это комплекс мероприятий, методов, способов, направленных на существенное (в разы) повышение эффективности его функционирования. Под эффективностью обычно понимается максимальный полезный эффект (удовлетворение нужд жильцов) при минимальных затратах. К сожалению, большинство мероприятий в рамках проводимой ныне «реформы» направлены скорее на поддержание текущей работоспособности отрасли, попросту, чтобы она не умерла вообще.

Правительственная программа

Кратко рассмотрим основные положения проводимой в настоящее время реформы.

Переход на стопроцентную оплату услуг ЖКХ

Мы отмечали, что жильцы российских домов платят не за фактически потребленные ресурсы, а некий тариф, который формируется исходя из затрат, потерь, неэффективности предприятий-поставщиков, включая изношенные сети, хищения, убытки и прочие расходы. Эти предприятия являются государственными (или муниципальными), и вместо того, чтобы сокращать эти издержки и убытки, правительство ничтоже сумняшеся предлагает гражданам оплатить их на 100% из своего кармана. Что такое 100%, на самом деле не знает никто – это цифра, которую нам нарисуют чиновники, а запросы у них не маленькие. В эти 100% можно включить: повышение окладов чиновникам от ЖКХ, зарубежные командировки, коллективный отдых на курортах, замену служебных авто на иномарки, содержание футбольной команды, строительство и обустройство офисов и т. д. Список можно продолжать. Кроме того, предприятия-поставщики являются монополистами, поэтому справедливой, т. е. рыночной, цены на их продукцию не существует.

Очевидно, что эта мера не приведет к повышению качества ЖКХ-услуг, скорее наоборот: зачем снижать расходы и потери, если они полностью оплачиваются. Кроме того, вряд ли эти 100% удастся собрать с населения: чем выше тариф, тем больше неплатежи, а эффективных способов борьбы с ними нет. Таким образом, **для реформирования ЖКХ переход на стопроцентную оплату – мера бесполезная и даже вредная.**

Привлечение малого и среднего бизнеса в ЖКХ, создание конкурентной среды

Идея, безусловно, правильная, но пока в ЖКХ не созданы субъекты рынка, она осуществляется чиновниками, которые не заинтересованы в конечном результате. Конкурсы по отбору фирм для работы в ЖКХ проводятся формально, а зачастую пристрастно, в пользу тех или иных влиятельных лиц или за взятки, эффективный контроль за деятельностью этих фирм отсутствует. Эти попытки внедрения рыночных отношений в госсекторе напоминают реформы горбачевского периода – бригадный подряд, внутрицеховой хозрасчет, госприемка и т. д. Это псевдорынок, суррогат, который может принести лишь кратковременный и незначительный эффект. В настоящее время привлечение малого и среднего бизнеса в ЖКХ не привело к сколько-нибудь заметным результатам, зато повысился уровень коррупции.

Привлечение крупного бизнеса

Не так давно кампания по привлечению крупного бизнеса на правах концессии в коммунальную инфраструктуру широко рекламировалась и освещалась. Были созданы несколько крупных компаний (РКС – «Российские коммунальные системы» и др.), которые вроде бы начали работу. Реальных результатов пока не видно, заодно и шумиха в прессе поутихла. Мы оставим эту проблему за рамками анализа, т. к. наша основная тема – жилищный комплекс.

Дотирование через «социальные счета»

Семья имеет право на дотацию услуг ЖКХ, если их доля превышает 22% семейного бюджета, независимо от того, собственники это, социальные или коммерческие наниматели. Очевидно, что к реформированию ЖКХ, в смысле повышения его эффективности, эта мера никакого отношения не имеет. Кроме того, она нелогична и даже абсурдна и с социальной, и с экономической точек зрения. Семья может жить в собственной квартире стоимостью $300 тыс. и получать при этом дотацию, может нанять квартиру в супердорогом элитном доме и тоже получать дотацию из бюджета и т. д.

В зарубежных странах с правильно устроенным и работающим ЖКХ, как отмечалось ранее, дотируются только малоимущие в социальном жилье, остальные при снижении доходов или возрастании квартплаты (если им не по силам ее платить) продают свои квартиры (или расторгают договор аренды в доходном доме) и переселяются в более дешевое жилье. Такая ротация жильцов крайне необходима жилому дому, она позволяет поддерживать социальный состав (локальный социум) на постоянном уровне. Без ротации дом «засоряется» малоимущими и маргиналами, что негативно сказывается на качестве проживания и управления домом. В зарубежных странах многоквартирный дом коллективной формы собственности (кондоминиум) при «маргинализации», как правило, деградирует до трущоб.

Российская система дотирования всех, с одной стороны, способствует усилению социального иждивенчества, малоимущим быть «выгодно», но главное – можно жить в хорошем, дорогом доме и получать крупную дотацию. Кроме того, вызывает сильное сомнение возможность точного определения дохода семьи, что увеличивает риск мошенничества в этой области. Этот пункт реформы следует признать ошибочным, это шаг в неправильном направлении.

Управление многоквартирным домом

Самым тяжелым пороком, ахиллесовой пятой наших домов-конгломератов является отсутствие эффективного собственника и как следствие – низкоэффективное управление домом. **Разношерстный контингент конгломерата не способен объединиться для совместного владения и управления.** Провал кампании по созданию ТСЖ – лучшее тому доказательство. Для преодоления этой ситуации предлагается, чтобы жильцы дома на общем собрании выбирали способ управления домом: самостоятельно (создав ТСЖ или непосредственно) или с помощью управляющей компании (УК). Фактически реформа предполагает, что конгломератом управляет общее собрание, как Вече новгородское (ст. 44 нового ЖК). Очевидно, что 90% наших многоквартирных домов не смогут даже собрать собрание, не говоря уже о большем, смогут это сделать 10% – те дома, в которых создан механизм коллективного самоуправления, т. е. ТСЖ и ЖСК.

Парадокс в том, что им-то собирать собрание и не нужно, у них есть и юридическое лицо, и правление, полномочия которого уже подтверждены общим собранием. Они могут (и многие это уже сделали) самостоятельно выбрать УК, заключить с ней договор и расторгнуть его в случае неудовлетворительной работы УК или самостоятельно управлять домом. Остальные 90% домов, а это все конгломераты, поступят в управление некой УК, назначенной местной властью (по условному, как правило, конкурсу). Если это будет муниципальная УК (ДЕЗ, РЭУ), то для жильцов этого дома ровным счетом ничего не изменится.

Изменится ли что-нибудь к лучшему, если дому будет назначена частная УК? Вряд ли. Как отмечалось, управление своей собственностью осуществляет всегда собственник, владелец – либо самостоятельно, либо с помощью управляющего (или УК). Если собственник следит за их работой, то они управляют собственностью в интересах владельца, в противном случае они начинают управлять ею в своих интересах. Примеры такого управления в нашей истории известны из произведений русских писателей, когда барин живет в городе, а его имением управляет управляющий. Лишенный хозяйского надзора, он управляет по принципу: половину хозяину, половину – в свой карман. Нетрудно догадаться, как и в чьих интересах будет «рулить» многоквартирным домом частная фирма, лишенная хозяйского присмотра.

Существующий на сегодняшний день опыт управления конгломератом частной УК можно оценить как негативный. Как известно, целью деятельности любой коммерческой фирмы является получение максимальной прибыли. УК считает платежи жильцов своей доходной статьей, а затраты на содержание дома — расходной. Для увеличения прибыли надо увеличивать первое и соответственно сокращать второе. Поэтому квартплата необоснованно растет, а обслуживание дома ухудшается, фирма экономит на расходах. Причем это происходит даже в домах с состоятельными жильцами (удивительно, но и многие элитные дома у нас — это тоже конгломераты без юридического лица, расслоение и маргинализация среди собственников происходит достаточно быстро при отсутствии ротации), что же тогда говорить про обычные дома с бюджетниками и пенсионерами. А неплательщиков фирма может и выселить. Имеются случаи, когда УК собирала деньги за несколько месяцев, а потом исчезала, растворяясь в пространстве.

Мы считаем, что управление конгломератом частной УК приведет к следующим последствиям:

✓ качество управления многоквартирным домом не улучшится, а возможно, даже ухудшится;

✓ возможно появление тяжелых социальных конфликтов;

✓ возникновение нового массового вида преступлений – мошенничество УК.

Наконец, предлагается еще один способ управления – непосредственное управление собственниками. Допускаем, что это возможно в доме с 5–10 квартирами. Для многоквартирного дома со 100–200 и более квартир это вещь совершенно фантастическая. Как, например, заключить договор с уборщицей или слесарем, как обговорить условия их работы, зарплату и т. д. и уволить их в случае неудовлетворительной работы – все это возможно только в воображении стратегов реформы.

Единственный реальный способ управления многоквартирным домом коллективной формы собственности – создать механизм самоуправления в виде юридического лица, т. е. ТСЖ, как это происходит в зарубежных странах. Но в наших конгломератах сделать это чрезвычайно трудно, часто невозможно.

Создание ТСЖ

ТСЖ в многоквартирном доме коллективной формы собственности необходимо как орган, выражающий волю и защищающий интересы совладельцев, а также как организационная и юридическая структура для коллективного управления. Изначально идеологами реформы предполагалось, что в каждом многоквартирном доме будет создано ТСЖ и все проблемы будут решены. Но жизнь распорядилась по-своему. Несмотря на огромные усилия властей, на практике создание ТСЖ идет очень плохо, количество зарегистрированных ТСЖ исчисляется долями процента, а число реально (и эффективно) действующих на порядок меньше. Это свидетельствует о провале кампании по массовому созданию ТСЖ. Причина этого — слишком пестрый и разношерстный состав жильцов в конгломерате. Люди, разные по социальному, культурному уровню, по финансовой обеспеченности и т. д., не в состоянии объединиться для совместного владения и управления, это уже проверено и доказано. Играет роль и наличие в конгломерате различных форм собственности (собственники квартир, коммерческие и социальные наниматели, собственники нежилых помещений и т. д.). Однородный состав совладельцев — необходимое, но не достаточное условие создания ТСЖ, так как сказывается отсутствие навыков ответственного собственника. К тому же не всякое созданное ТСЖ способно эффективно функционировать: увы, такова специфика коллективной формы собственности — ее невысокая эффективность.

Причину этого объясняет один из постулатов теории систем, входящей в состав теории управления: **чем из более разнородных элементов состоит система, тем она менее управляема**, менее устойчива и эффективна и в конечном итоге менее жизнеспособна.

Реформирование ЖКХ

Новый Жилищный кодекс

Жилищный кодекс (ЖК) – основной документ, регулирующий состав, структуру жилищного комплекса и отношения его субъектов. Задача ЖК – регулировать функционирование уже сложившегося жилого фонда и задавать направление его дальнейшего развития. Поскольку современный российский жилфонд, сформированный в результате бесплатной приватизации квартир в государственных домах, имеет несистемный, противоречивый, нелогичный характер, то таким же получился и новый ЖК. Принятие ЖК сопровождалось серьезной критикой и огромным числом поправок, что свидетельствует о его противоречивости и недоработанности.

Во многих даже очень важных статьях ЖК не имеет прямого действия, он содержит отсылки на постановления правительства РФ, решения субъектов Федерации и иные подзаконные акты, многие из которых еще не разработаны и не приняты. Вызывает удивление неопределенный императив многих статей, например, орган местного самоуправления может предоставлять УК, ТСЖ бюджетные средства на капремонт (ст. 165). А значит, может и не предоставлять, причем второй вариант наиболее вероятен.

В целом новый ЖК – шаг вперед по сравнению с советским ЖК, в нем впервые появились такие термины, как «собственник», «договор», «управляющая компания» и т. д. В то же время он явно несет отпечаток советского периода в истории ЖКХ, отпечаток нерыночности, командно-административного подхода, доминирования государства в жилищной сфере. Имеются и принципиальные ошибки, и просто несуразности. Например, нет определения, что такое «многоквартирный дом», под жилым домом понимается только частный односемейный (ст. 16, п. 2), а ведь многоквартирный дом – основной объект, которому посвящен весь ЖК. Фактически он регулирует то, чего нет.

В то же время весь новый ЖК проникнут идеей кондоминиума (точнее, конгломерата) как основы всей жилищной системы России. За бортом ЖК остаются частный доходный дом, наиболее эффективный рыночный вид жилья, и муниципальный арендный дом, на долю которых в развитых странах приходится до 50% и более всего городского жилья, а в крупных городах – до 70% (Нью-Йорк) и даже 82% (Вена). Причина этого в том, что в ЖК единицей жилья и объектом регулирования является жилое помещение (квартира или односемейный дом), а не дом в целом. Многоквартирный дом рассматривается лишь как механическая сумма отдельных квартир, что является тяжелой принципиальной ошибкой. А частный доходный и муниципальный арендный дома не имеют выделенных в отдельные субъекты права квартир.

Смешение форм собственности в многоквартирном доме, т. е. принцип конгломерата, закреплен в новом ЖК, и в нем нет ни одного намека, что от такого вида жилья надо избавляться. В соответствии с ЖК наш жилой фонд – это сплошь конгломераты с редким вкраплением ТСЖ и ЖСК. Огромный раздел (раздел VII) посвящен подробному описанию прав и обязанностей жильцов по оплате услуг ЖКХ, что явно свидетельствует о его нерыночности. Рыночные отношения же (на основе договора) вполне регулируются Гражданским кодексом. Если бы российское ЖКХ перешло на рыночные отношения (на основе договора и принципа «поставка против платежа»), ЖК можно было бы сократить в 2–3 раза.

Некоторые положения ЖК вызывают недоумение, например, право социального нанимателя вселять в квартиру временных и иных жильцов, в том числе за плату (ст. 67). Это противоречит всякой логике: социальное жилье предоставляется малоимущему, а не всяким «иным» лицам, и для его проживания, а не для зарабатывания денег. О том, что органом управления многоквартирным домом становится общее собрание (ст. 44), и вообще об управлении домом (раздел VIII)

Реформирование ЖКХ

и о принципиально ошибочном субсидировании расходов по оплате услуг ЖКХ (ст. 159, 160) мы уже упоминали.

Нелогичным и противоречивым в новом ЖК является регулирование прав собственности на многоквартирный дом и придомовой участок. С одной стороны, ясно указано, что дом и придомовой участок являются собственностью совладельцев (ст. 36). С другой стороны, участок может быть изъят (а дом снесен) для «государственных и муниципальных нужд» (ст. 32), причем не определено, что же под этим понимается. На практике изъятый участок используется для коммерческой застройки (торговые предприятия, бизнес-центры, коммерческое жилье, казино и т. д.), что никак не может быть отнесено к категории «государственных и муниципальных нужд». Участок может быть изъят, а дом снесен также в случае признания его ветхим и аварийным, что противоречит ст. 36 – дело совладельцев, жить в аварийном доме или снести его. Местная власть должна иметь право лишь предложить снос и переселение, а дело совладельцев – принять эти условия или отказаться. **Эти положения ЖК на практике приводят к произволу местных властей в сговоре со строительными фирмами, к коррупции и криминалу в сфере строительства.** Очевидно, они были пролоббированы строительной олигархией и связанным с ней коррумпированным чиновничеством.

Ошибочным представляется отнесение порядка признания граждан малоимущими к компетенции местной власти (ст. 49). Местная власть получает возможность занижать планку, что приведет формально к уменьшению числа малоимущих и уменьшению обязательств по отношению к ним. Необходим федеральный стандарт. Во многих странах (например, в США) семья признается малоимущей, если годовой доход на одного члена семьи меньше половины такового в среднем по данному округу (муниципальному образованию). Таким образом произвол местных властей исключается.

66

В целом о новом ЖК можно сказать, что он носит ярко выраженный временный, переходный характер, содержит ряд тяжелых принципиальных ошибок, способных на многие десятилетия закрыть путь к реформированию ЖКХ и созданию правильной структуры жилищного комплекса. Это свидетельствует о низком уровне научной обоснованности столь важного для страны закона.

Национальный проект «Доступное жилье»

Жилищный вопрос в России до сих пор стоит достаточно остро: почти 2/3 россиян не удовлетворены жилищными условиями, 25% семей проживают в плохом и очень плохом жилье, среднее время ожидания в очереди на получение жилья составляет 15–20 лет. Для продвижения в этой области правительством разработан ряд мероприятий, объединенных в Национальный проект (НП) «Доступное и комфортное жилье – гражданам России». Основные мероприятия проекта:

✓ обеспечение жильем молодых семей и молодых специалистов на селе;
✓ выполнение гособязательств по жилью для отдельных категорий (уволенных с военной службы, ликвидаторов аварии на ЧАЭС, ветеранов и инвалидов и т. д.);
✓ увеличение объемов жилищного строительства и модернизация коммунальной инфраструктуры;
✓ увеличение объемов ипотечного жилищного кредитования.

Цель НП – увеличить возможности приобретения жилья россиянами, для этого предполагается выделить порядка 1 трлн. руб. (30 млрд. долл.) из бюджетов разных уровней на субсидии и дотации. Решение жилищного вопроса в НП (и вообще в России) понимается исключительно как приобретение квартиры в собственность.

Между тем решить жилищный вопрос можно и по-другому, а именно, предоставив семье жилье в аренду. **Сотни миллио-**

Реформирование
ЖКХ

нов семей во всем мире живут в арендованных квартирах, в настоящее время в мире примерно 50% жилья находится в собственности жильцов, а 50% – это аренда. Мы уже отмечали, что собственным жильем владеют только люди состоятельные, которые могут его содержать, управлять им, защищать от преступных посягательств. Люди с достатком ниже среднего живут, как правило, в арендном жилье. Жилье, за которое надо выплачивать 20–30 лет, причем общая сумма по ипотеке с учетом процентов составляет для наших граждан астрономическую величину, – такое жилье доступным быть никак не может.

Доступное жилье на самом деле – это жилье арендное, которое можно получить в течение нескольких дней, имея небольшую сумму. Арендное жилье бывает двух видов: частный доходный дом и муниципальный арендный дом. Выше неоднократно отмечалось, что доходный дом, т. е. коммерческая аренда, – это очень эффективный рыночный вид жилья и очень перспективный для России, где из-за низких доходов приобрести собственное жилье, даже по ипотеке, могут немногие. Доходные дома бурно строились и развивались в России во второй половине XIX века именно по этой причине, практически все многоквартирные дома были частными, доходными. Особенность данного вида жилья – широкий спектр предложения: от дорогого элитного жилья в центре до простого и дешевого на окраинах, что позволит быстро решить жилищные проблемы массовым категориям граждан (военные, учителя, врачи и др. работники бюджетной сферы, молодые семьи и т. д.), это воистину доступное жилье. Наличие достаточно большого сектора арендного жилья позволит снизить спрос и соответственно цены на жилье в собственность.

Кроме того, частный доходный дом имеет наивысшую эффективность по управлению, приносит доход в бюджет (вместо расходов), обеспечивает человеку мобильность. Список достоинств можно продолжать. Люди малообеспеченные вполне могут решить свои жилищные проблемы в частном доходном доме, тогда как для малоимущих необходимо строить муниципальные арендные дома. Дотирование малообеспеченных из бюджета для приобретения жилья в собственность — глубоко ошибочная и порочная практика, об этом мы неоднократно упоминали. Наконец, в рамках НП по ипотеке строятся опять все те же конгломераты, т. е. наименее эффективное жилье, и продолжается всеобщая коллективизация (кондоминиумизация) жилищного комплекса.

С учетом вышесказанного проводимая в настоящее время в России жилищная политика (в том числе и по Национальному проекту «Доступное жилье»), направленная на массовое приобретение жилья в собственность с помощью дотаций из бюджета и строительство конгломератов, является ошибочной. Национальную программу правильно следует сформулировать в следующем виде:

1) развитие малого и среднего бизнеса в жилищной сфере (частный доходный дом);
2) строительство муниципальных арендных домов для малоимущих;
3) людям, обладающим определенной финансовой самостоятельностью, надо предоставлять льготный кредит (но не дотацию) для строительства жилья.

Только в этом случае мы начнем двигаться к нормальной и эффективной структуре жилого фонда. НП в его нынешнем виде выгоден в первую очередь строительной олигархии, поскольку все выделенные деньги в конце концов осядут в ее кармане.

ЕСТЬ ЛИ СВЕТ
В КОНЦЕ ТУННЕЛЯ?

Некоторые итоги

В настоящее время в России жилой фонд состоит на 70% (в Москве на 90%) из низкоэффективных кондоминиумов (конгломератов), функционирование ЖКХ характеризуется низкой эффективностью, носит явно выраженный нерыночный и командно-административный характер, унаследованный от советской эпохи. Сущность нынешнего кризиса в ЖКХ — это кризис государственного сектора, предел эффективности которого уже достигнут и за границы которого мы никак не можем выйти. Проводимая ныне реформа ЖКХ не способна изменить ситуацию к лучшему.

Главный путь успешного реформирования ЖКХ — переход на рыночные отношения на основе частной собственности, договорных отношений, принципа «поставка против платежа» и конкуренции, и основная причина неудачи реформы в том, что рыночные механизмы в отрасли запустить не удалось. Для перехода к рыночным отношениям необходимо создать в сфере ЖКХ субъекты рынка — эффективных собственников и организовать конкурентную среду. Среди всех объектов ЖКХ только жилые дома могут стать такими субъектами, а конкурентной средой – предоставление жилищных и коммунальных услуг. Попытка создания частных собственников в ЖКХ путем приватизации квартир в муниципальных домах была неудачной. Собственники квартир не стали (и не могли стать) субъектами рынка, независимыми игроками, субъектом рынка может быть только весь жилой дом в целом. Именно такая модель ЖКХ существует в современных развитых странах.

Сможет ли наш конгломерат стать субъектом рынка? Однозначно нет! Конгломерат и рыночные отношения несовместимы. Мы уже отмечали, что низкоэффективные кондоминиумы в рыночной среде не выживают, они погибают, превращаясь в трущобы. Показательным в этом отношении является пример Восточной Германии, где в ЖКХ произошли радикальные рыночные перемены. Многоквартирные дома, построенные и заселенные во времена социализма (немецкие конгломераты), даже в престижных районах, вполне добротные и комфортабельные, стали терять состоятельных жильцов: кто покупал частный односемейный дом, кто переселялся в более качественное жилье в пригороде или в западных землях. Их место стали заполнять низкооплачиваемые подсобные рабочие, иммигранты, престижность этих домов неуклонно снижалась, снижалось и качество обслуживания. Возрастали криминогенность и долги за коммунальные услуги.

Некогда престижные дома и целые кварталы стали превращаться в гетто. В то же время много квартир пустовало, приличные люди не хотели селиться в таких домах, а заселять их и дальше маргиналами было бессмысленно. Несколько попыток реконструкции многоэтажных панельных домов было предпринято (в частности, в Дрездене), однако эта практика оказалась чрезмерно дорогой и сложной. И тогда власти приняли решение о сносе этих домов и строительстве на их месте нового, уже «рыночного» жилья. На снос бывшего «социалистического» жилья (конгломератов) в Восточной Германии федеральное правительство выделяет по 300 млн. марок ежегодно, остальное добавляют местные бюджеты.

72

Пример Германии ясно показывает, что происходит с конгломератом при переходе к рынку. Таким образом, вопрос стоит так: либо конгломераты, либо рыночные отношения и реформа ЖКХ. Очевидно, мы выбрали первое: что строит Москва день и ночь, без праздников и выходных – конгломераты, что строится по ипотеке и по Национальному проекту «Доступное жилье» – те же конгломераты! В свете немецких событий проект «Доступное жилье» следовало бы переименовать в проект «Будущие трущобы».

Конгломерат – это удавка на шее российского ЖКХ, жить в нем тяжело и дискомфортно, он не способен эффективно функционировать, его невозможно реформировать, он блокирует реформу ЖКХ, это институциональная ловушка, в которую мы попали. Чем больше в стране конгломератов, тем меньше шансов на реформирование ЖКХ. Курс на «конгломератизацию» всей страны – тяжелая принципиальная ошибка властей, строительство конгломератов выгодно только строительной олигархии и связанным с ней коррумпированным чиновникам (такое впечатление, что новый Жилищный кодекс и НП «Доступное жилье» написаны под их диктовку). Россияне и в целом государство и общество оказались в глубоком проигрыше.

Что делать?

Для выправления ситуации в ЖКХ и создания предпосылок для ее реформы, на наш взгляд, необходимы следующие меры.

Борьба с конгломератами и создание эффективной структуры городского жилья

Необходимо как можно скорее остановить воспроизводство конгломератов и перейти к строительству системного жилья. С уже построенными конгломератами сделать, к сожалению, ничего нельзя, надо не допускать строительства новых. Для этого необходимо принять ряд законов, исключающих возможность смешивания различных форм собственности в одном многоквартирном доме. Начать, на наш взгляд, следует с Закона «О муниципальном жилье в РФ», согласно которому единственным видом муниципального жилья будет квартира в муниципальном арендном доме, таким образом из кондоминиума будут исключены социальные квартиры. Основные положения концепции этого закона приведены в приложении.

Второй необходимый закон — закон «О жилищном строительстве в РФ», который должен содержать четкую процедуру строительства и ввода в эксплуатацию каждого вида многоквартирного дома — частного доходного дома, кондоминиума и муниципального арендного. Строительство других видов многоквартирных домов должно быть исключено.

В частности, дом, предназначенный для коллективного владения и управления (кондоминиум), должен строиться на средства инвестора (долевое строительство надо запретить) с обязательными входными счетчиками ресурсов (холодная, горячая вода, тепло, электроэнергия). После сдачи дома госкомиссии начинается продажа квартир, нежилые помещения не продаются, они находятся в общей долевой собственности и не могут быть отчуждены. Застройщик формирует и регистрирует ТСЖ на основе типового пакета документов, после заселения 50% квартир он собирает общее собрание и на нем избирается правление из жильцов дома. Все кондоминиумы должны иметь в обязательном порядке ТСЖ. Также застройщик обязан вместе с ТСЖ передать совладельцам надлежащим образом оформленный придомовой земельный участок.

Дом, предназначенный для коммерческой аренды (частный доходный дом), строится на средства инвестора также с обязательными входными счетчиками. Все 100% квартир и все нежилые помещения поступают в распоряжение домовла-

74

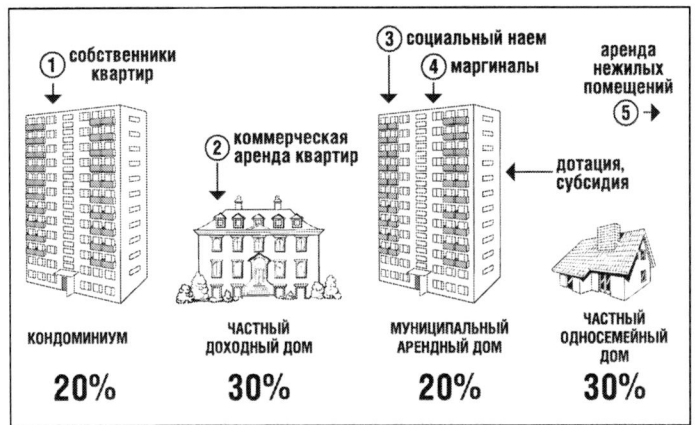

Рис. 3. Эффективная структура собственности домов жилого фонда

дельца и не могут быть отчуждены (проданы) никакими сторонними физическими или юридическими лицами. Застройщик обязан передать надлежащим образом оформленный придомовой земельный участок домовладельцу.

Муниципальный арендный дом строится исключительно на бюджетные деньги, все 100% квартир и все нежилые помещения поступают в распоряжение органа местного самоуправления и также не могут быть отчуждены (проданы или приватизированы) сторонними физическими или юридическими лицами. Таким образом исключается возможность смешения различных форм собственности в одном многоквартирном доме.

В целях борьбы с уплотнительной застройкой и создания нормальных условий для жизни жильцов необходимо предусмотреть нормативы размера придомового участка, например, не менее 80 м² территории на одну квартиру в доме. Этот принцип должен применяться ко всем многоквартирным домам независимо от формы собственности.

Есть ли свет в конце туннеля?

Для поддержания социальной однородности жильцов в многоквартирном доме (локальный социум) и предотвращения маргинализации необходимо:

✓ отменить дотации на оплату услуг ЖКХ (дотировать только малоимущих в муниципальном арендном доме);

✓ запретить бюджетные дотации и субсидии на покупку или строительство жилья («социальная ипотека»), заменив их льготным кредитом в размере примерно 30% стоимости квартиры;

✓ вменить в обязанность управляющим компаниям (УК) в кондоминиумах обращать взыскание за неплатежи на имущество (вплоть до продажи квартиры и выселения) неплательщиков.

Переход на рыночные отношения в ЖКХ

Новое системное «рыночное» жилье — частный доходный дом и кондоминиум (с ТСЖ), построенные по новым правилам, — уже может (и должно) стать субъектом рынка и перейти полностью на самоуправление и бездотационное функционирование. Все бюджетные дотации переходят исключительно в сектор муниципального жилья (муниципальный арендный дом). ТСЖ в лице правления (самостоятельно или через УК) и домовладелец (частный доходный дом) заключают договор непосредственно с предприятиями — поставщиками коммунальных услуг, качество и объем услуг определяются по входным общедомовым счетчикам, оплата идет на расчетный счет предприятия. Эти отношения полностью регулируются Гражданским кодексом, в случае неоплаты (например, более 3 месяцев) поставщик имеет право прекратить поставку ресурсов, т. е. отключить весь дом целиком. А в случае некачественных поставок (например, снижения температуры воды) применяются санкции уже к поставщику в виде снижения оплаты. Таким образом реализуются рыночные принципы — отношения на основе договора и принцип «поставка против платежа».

Борьба с неплательщиками — одна из главных задач ТСЖ, УК и домовладельца, для УК это один из критериев качества ее работы. ТСЖ и владелец доходного дома могут заплатить поставщикам, привлекая коммерческий кредит, на погашение неплатежей из бюджета должен быть наложен запрет. Тариф на коммунальные услуги муниципальных предприятий должен быть одинаковым для всех многоквартирных домов, независимо от формы собственности, он может дотироваться из бюджета только для муниципального арендного дома. Тарифы должны устанавливаться при максимальной прозрачности и контроле со стороны общественных организаций (депутатов, потребительских обществ, СМИ и т. д.), тарифы — один из показателей эффективности работы местной власти, если они слишком высокие, значит, местная власть работает плохо и пора ее менять.

Тарифы на коммунальные услуги частных предприятий устанавливаются на основе спроса и предложения под контролем антимонопольного комитета. ТСЖ и владелец доходного дома должны иметь право отказаться от услуг муниципальных поставщиков и перейти на альтернативу (например, во многих странах получило распространение строительство локальных котельных на газе, что позволяет существенно экономить на оплате тепла и горячей воды).

Повышение эффективности управления многоквартирным домом

Для повышения эффективности работы ТСЖ необходимо внести изменения в законодательство о ТСЖ:

- ✓ ТСЖ не должно быть добровольной общественной организацией;
- ✓ обязательность создания ТСЖ и членства в нем;
- ✓ запрет на выход из ТСЖ и ликвидацию ТСЖ;
- ✓ членами ТСЖ могут быть только собственники квартир в данном доме;
- ✓ правление выбирается только из членов ТСЖ.

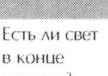

Есть ли свет в конце туннеля?

77

Необходимо также законодательно регламентировать деятельность УК:
- ✔ обязательное лицензирование;
- ✔ статус некоммерческой организации, минимальный уставной капитал, к примеру, 5 млн. руб.;
- ✔ вознаграждение – 10% от суммы всех платежей;
- ✔ специальный накопительный счет для платежей жильцов.

ТСЖ в лице правления и владелец доходного дома могут управлять домом самостоятельно или заключив договор с УК. В случае неудовлетворительной работы УК договор с ней может быть расторгнут.

Возрождение частных доходных домов

Как уже неоднократно отмечалось, частный доходный дом – наиболее эффективный рыночный вид жилья, особенно перспективный и необходимый для России, поэтому следует принять все меры для возрождения этого сектора городского жилья. Кроме того, это специфический вид малого и среднего бизнеса. Для этого необходимо:
- ✔ принять законы, составляющие правовую основу функционирования доходного дома;
- ✔ государственная поддержка (льготные кредиты);
- ✔ льготы по налогам (например, на 5 лет);
- ✔ облегчить процедуру оформления участков городской земли в собственность;
- ✔ разработать национальную программу поддержки этого вида бизнеса.

Расширение сектора частных односемейных домов

Частный односемейный дом – достаточно эффективный вид городского жилья, широко распространенный в современных развитых странах, кроме того, отвечающий национальному менталитету россиян. Во многих странах (например, США, Канада и др.) этот вид жилья является

доминирующим в средних и малых городах, и под ипотекой там понимают строительство именно частных односемейных домов. Увеличение этого сектора позволит улучшить структуру городского жилья. Для этого необходимо:
- ✓ предусматривать в градостроительных планах крупные зоны для индивидуального строительства;
- ✓ выделение льготных кредитов;
- ✓ развитие «коттеджной» ипотеки;
- ✓ облегчить процедуру оформления участков городской земли в собственность.

Ограничение полномочий городской власти в жилищном строительстве

Для предотвращения масштабных злоупотреблений и коррупции в жилищном секторе необходимо законодательно определить границы вмешательства городских властей в жилищное строительство, т. е. «развести» власть и строительный бизнес. Прежде всего надо изменить коррупциогенные статьи Жилищного кодекса (ст. 32):
- ✓ четко определить, что такое «государственные и муниципальные нужды», коммерческое строительство таковым быть не должно;
- ✓ изменить порядок сноса аварийных и ветхих домов.

Определить, что бюджетные деньги могут использоваться только в следующих случаях:
- ✓ для строительства муниципального арендного дома;
- ✓ на компенсации оплаты коммунальных услуг в муниципальном арендном доме;
- ✓ подведение коммунальной инфраструктуры с последующей компенсацией застройщиком;
- ✓ льготное кредитование на цели строительства жилья.

Необходимо отменить безвозвратные субсидии и дотации, а также плату за землю, «долю города» и прочие поборы с застройщиков. Запретить на бюджетные деньги приобретать

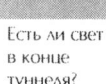

Есть ли свет в конце туннеля?

в собственность города квартиры в кондоминиуме и строить «муниципальные доходные дома» (как это делают в Москве). **Власть не должна заниматься бизнесом.**

Будущее

Сложившуюся в настоящее время в жилом фонде структуру, в которой доминирует только один вид многоквартирного дома – конгломерат, можно назвать одномерной. Если будут проведены перечисленные выше мероприятия, то мы перейдем к трехмерной модели, в которой присутствуют уже три вида многоквартирных домов: частный доходный, кондоминиум и муниципальный арендный. Трехмерная модель значительно эффективнее одномерной, так как различные виды жилья позволяют полнее удовлетворять разнообразные запросы людей. При переходе к трехмерной модели многие практически неразрешимые ныне проблемы получат свое разрешение, многие вообще исчезнут как по мановению волшебной палочки.

Законы в жилищной сфере, и прежде всего Жилищный кодекс, станут значительно проще, логичнее и понятнее. Например, из ЖК можно будет убрать раздел VII (об оплате услуг ЖКХ), т. к. этот вопрос будет регулироваться Гражданским кодексом. Легко решается, например, проблема перепланировок, главу 4 можно будет тогда записать в таком виде:

Статья 1. В муниципальном арендном доме перепланировки не допускаются.

Статья 2. В частном доходном доме перепланировка допускается с разрешения домовладельца.

Статья 3. В кондоминиуме перепланировка допускается с разрешения правления ТСЖ по согласованию с управляющей компанией.

И все, больше ничего не надо! Логика здесь понятная: арендное жилье по инициативе жильцов очевидно не подлежит перепланировке. А за перепланировки в кондоминиуме ответственность полностью несут совладельцы в лице ТСЖ, здесь начинают работать обратные связи: чем быстрее они разломают свой дом, тем быстрее потеряют деньги, вложенные в его строительство. Еще пример: глава 3 (о переводе жилого помещения в нежилое и обратно) в трехмерной структуре вообще теряет смысл, ее можно просто убрать. И вообще весь ЖК можно будет уместить на 10 страницах.

Многоквартирные дома (частный доходный дом, кондоминиум и муниципальный арендный), построенные по новым правилам, т. е. жилье системное, будем называть новым жильем в отличие от старого, т. е. конгломератов. Новое жилье будет функционировать уже по рыночным правилам, поэтому его можно назвать не только новым, но и рыночным в отличие от старого нерыночного социалистического жилья. **Если мы сумеем остановить строительство конгломератов, то новое рыночное жилье будет постепенно увеличивать свою долю, вытесняя старое.**

Что делать с уже имеющимися конгломератами? К сожалению, сделать с ними уже ничего нельзя. В рыночной среде они существовать не могут, реформировать их невозможно, остается единственный выход – сохранить для них командно-административную нерыночную среду. Надо сохранить для этого сектора дотации и субсидии, управлять ими должны муниципальные УК (приватизация ДЕЗов – очередная ошибка). Некоторые конгломераты можно превратить в кондоминиумы, некоторые – в муниципальные арендные дома (если доля приватизированных квартир невелика, местная власть может их выкупить). Особенно тяжелые, маргинализованные, на грани трущоб конгломераты надо сносить, выплачивая собственникам квартир денежную компенсацию, а социальным нанимателям предоставляя квартиры в муниципальном арендном доме. На полную ликвидацию «социалистического» жилья, т. е. конгломератов, уйдет не менее 80–100 лет (до их полного физического износа).

Есть ли свет в конце туннеля?

Новое системное рыночное жилье будет функционировать в десятки раз эффективнее старого. Но это жилье рыночное, и ему присущи все рыночные риски. Каждый покупатель квартиры в кондоминиуме должен сознавать, что он рискует: в случае неэффективного управления, банкротства ТСЖ возможно падение цены на квартиру, и вернуть вложенные деньги уже не удастся.

Теперь мы можем ответить на вопрос, вынесенный в название этой главы: есть ли свет в конце туннеля? Если мы перейдем к системному жилью, к трехмерной модели, то да, свет в конце туннеля появится. Только ждать этого придется очень долго, и каждый день неправильной жилищной политики отдаляет нас от цели. Чем раньше мы возьмемся за дело, тем быстрее наступит момент, когда можно будет сказать, что пресловутый «квартирный вопрос» перестал портить не только москвичей, но и всех россиян.

ПРИЛОЖЕНИЕ

Закон РФ «О муниципальном жилье в РФ» (проект)

Закон регулирует права и обязанности муниципальной власти в жилищной сфере.

Целью данного Закона является:

1) социальная защита малоимущих;
2) регламентация участия муниципальной власти в жилищной сфере;
3) уменьшение коррупции в жилищной сфере.

Основные положения

1. Единственным видом муниципального жилья является квартира (комната) в муниципальном арендном доме (МАД). Другие виды жилья не могут находиться в собственности муниципального образования (МО), в том числе через аффилированные структуры.

2. Муниципальный арендный дом — жилой многоквартирный дом, находящийся в собственности города (муниципального образования).

3. Источник средств для строительства МАД — местный бюджет. Другие источники финансирования не допускаются.

4. Все 100% жилых и нежилых помещений в МАД находятся в собственности МО, отчуждение (приватизация, продажа) не допускается. Возможно использование нежилых помещений на 1-м этаже для предприятий торговли на правах аренды.

5. МАД является единственной формой участия МО в жилищной сфере, участие бюджетных денег в других видах жилого фонда не допускается. Возможно льготное кредитование граждан (физических лиц) для целей строительства жилья.

6. Жилые помещения в МАД – отдельные благоустроенные квартиры с кухней не менее 5 м². Возможен вариант комнат (для одиноких), кухня и туалет на 5–7 комнат.

7. Правом проживания в МАД обладают только и исключительно малоимущие семьи, состоящие из граждан РФ, натурализованных мигрантов.

8. Семья признается малоимущей, если ее годовой доход на 1 члена семьи меньше половины среднегодового душевого дохода по данному МО. Среднедушевой годовой доход по данному МО ежегодно определяется статистическим органом и утверждается муниципальным выборным органом.

9. Исполнительная власть МО при наличии малоимущих обязана строить МАД.

10. Семья, признанная малоимущей, имеет право подать заявку в департамент муниципального жилья и получить квартиру в МАД или встать на очередь, если свободных квартир нет.

11. Норма жилой площади на 1 человека в МАД устанавливается федеральным законом. Квартира меньшей площади не может быть предоставлена.

12. Семье малоимущих предоставляется квартира в МАД на временный срок, на правах аренды, без права приватизации. Никакое отчуждение, в том числе обмен, не допускается.

13. Квартира в МАД предоставляется малоимущей семье исключительно для целей проживания. Использование ее под другие цели (офис и т. д.), а также сдача в наем или поднаем

третьим лицам не допускаются. В этом случае семья подлежит выселению в административном порядке.

14. Члены семьи, получившей квартиру в МАД, должны быть зарегистрированы по этому адресу. Дополнительно регистрироваться на этой площади могут только родившиеся дети. При увеличении семьи ей должна быть предоставлена квартира в МАД большей площади.

15. Жильцы МАД оплачивают 50% стоимости услуг ЖКХ (кроме телефона), остальное дотируется из местного бюджета. Плата за аренду жилого помещения и за управление домом не взимается.

16. Управление МАД осуществляется органом местной власти через муниципальную управляющую компанию. Никакие формы самоуправления жильцов не допускаются.

17. При неуплате за услуги ЖКХ вопрос рассматривается жилищной комиссией. Если семья не имеет средств, ей назначается субсидия из местного бюджета сроком на 1 год. К злостным неплательщикам может быть применено взыскание на имущество (через суд).

18. Статус малоимущего предоставляется сроком на 1 год, каждый год его надо подтверждать. Семья, переставшая быть малоимущей, подлежит выселению из МАД в административном порядке.

СПИСОК ЛИТЕРАТУРЫ

1. *Страйк Р., Косарева Н.* Реформа жилищного сектора России, 1991–1994. – М.: Институт экономики города, 1994.
2. *Чернышев Л.Н.* Кризис экономики жилищно-коммунального хозяйства // ЖКХ, журнал руководителя и главного бухгалтера. 2003, № 7.
3. *Дэниелл Д., Пузанов А., Страйк Р.* Рекомендации по разработке программ повышения квартирной платы и введения пособий на жилье в городах и республиках РФ. – М.: Институт экономики города, 1993.
4. *Косарева Н., Страйк Р.* Приватизация жилья в Российской Федерации. – М., 1992.
5. *Клеман Н.М.* Жилищная проблема в современной Великобритании. Науч.-аналит. обзор. – М.: ИНИОН, 1994.
6. *Шомина Е.С.* Жители и дома. – М.: Редакционно-издательский центр «Муниципальная власть», 1999.
7. *Петров А.А., Шананин А.А.* Системный анализ экономики: проблема агрегированного описания экономических отношений // Математическое моделирование: методы описания и исследования сложных систем. – М., Наука, 1989.
8. Постановление правительства Москвы «О комплексной городской программе формирования кондоминиумов и создания условий для образования и деятельности товариществ собственников жилья». № 690 от 29.08.2000 г.
9. *Полтерович В.М.* Институциональные ловушки и экономические реформы // Экономика и математические методы. 1999, Т. 35, вып. 2.
10. *Глазунов С.Н.* Модели и методы управления структурой собственности жилого фонда. Канд. диссертация. ИПУ РАН, 2005.
11. *Глазунов С.Н.* Модель управления структурной перестройкой в ЖКХ // Труды Международной конференции «Теория активных систем». – Москва, 2003.
12. *Егоров Е.В., Потапова М.В.* Экономика жилищного хозяйства в России. – М.: Теис, 2002.

13. *Шумилов М.М.* Городское самоуправление, жилищный вопрос и деятельность жилтовариществ в пореформенной России. – Новгород, 1998.
14. *Глазычев В.Л.* Глубинная Россия: 2000–2002. – М.: Новое издательство, 2003.
15. *Глазычев В.Л.* Россия: принципы пространственного развития. Центр стратегических исследований ПФО, 2005.
16. *Глазычев В.Л.* Жилье – это не только квадратные метры // Новый адрес, № 5, 2004.
17. *Бирюков П.П.* Совершенствование управления жилищным фондом города в условиях реформы ЖКХ. – М.: Изд-во ВИМИ, 1997.
18. *Шомина Е.С.* Уроки демократии по месту жительства. – М.: Народный фонд. 2001.
19. *Ногин В.Д.* Принятие решений в многокритериальной среде. – М.: Физматлит, 2002.
20. *Розен В.В.* Математические модели принятия решений в экономике. – М.: Высшая школа. 2002.
21. Жилищная экономика. Housing Economics. Под ред. Г. Поляковского. – М.: Дело, 1996.
22. Жилье. Комплексный взгляд / Международный институт строительства (МИС). Международная ассоциация фондов жилищного строительства и ипотечного кредитования (МАИФ). Под общ. ред. В. М. Агапкина. – М.: АВЧ, 2001.
23. *Воронин А.Г.. Лапин В.А., Широков А.Н.* Основы управления муниципальным хозяйством. – М.: 1997.

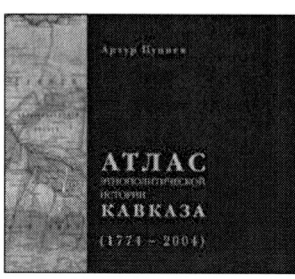

Артур Цуциев
Атлас этнополитической истории Кавказа
(1774—2004)

Москва: Издательство «Европа», 2006. – 128 с.

50 карт настоящего атласа и сопровождающие их комментарии прослеживают более чем 200-летнее развитие административно-территориальной и национально-государственной композиции Кавказского региона, отражают историко-территориальные и статусные предпосылки современных этнополитических противоречий и конфликтов.

Издание рассчитано на студентов-историков, политологов, других специалистов, изучающих политическую историю Кавказа, юга России, а также на широкий круг читателей, интересующихся кавказской историей или в качестве политиков вовлеченных в ее конструирование сегодня.

Андрей Кокошин
Реальный суверенитет

Москва: Издательство «Европа», 2006. – 180 с.

В данной работе член-корреспондент РАН, директор Института проблем международной безопасности РАН, декан факультета мировой политики МГУ им. М.В. Ломоносова Андрей Кокошин рассматривает теоретические и прикладные проблемы выдвинутой им в конце 1990-х годов концепции «реального суверенитета». Обоснованность этой концепции проиллюстрирована им, в частности, политикой и достижениями таких государств, как Китай и Индия. Автор останавливается на вопросе важности данной концепции для России, для российской внешней, оборонной, экономической, научной политики.

Издание адресовано специалистам и широкому кругу читателей – преподавателям, аспирантам и студентам гуманитарных вузов, всем, кто интересуется проблемами мировой политики и внешней политики России.

Василий Ульяновский
Смутное время

Предисловие: В.Л. Глазычев

Москва: Издательство «Европа», 2006. – 448 с.

Книга Василия Ульяновского – при всей ее научной фундаментальности – чрезвычайно занимательна для читателя, увлеченного российской стариной, дела которой вновь и вновь оживают в наше время. Феномен самозванства и феномен его успеха, скорость и легкость, с которой боярство и церковь, дворяне и крестьянство присягали на верность Годунову, Самозванцу, Шуйскому, новому Самозванцу, польскому королевичу Владиславу... В книге ярко звучат голоса свидетелей и участников событий Смутного времени, проясняется их подоплека и позднейшее нагромождение мифов вокруг них.

Восстание меньшинств: Косово. Молдавия. Украина. Грузия. Курдистан

Сборник / сост.: ИА REGNUM

Москва: Издательство «Европа», 2006. – 184 с.

Брошюру можно трактовать как своего рода справочник по географии тлеющих конфликтов, каждый из которых может в любой момент перейти в острую фазу. Как показывают авторы, знающие проблему изнутри, до настоящего времени упорным, чрезвычайно рискованным дирижером этого «оркестра» выступают США, которых отнюдь не останавливают ни трагедия распада Югославии, ни драма Ирака. Именно США проводят линию создания мусульманских очагов напряженности, ослабляющих и Европу, и Турцию, пытаются одновременно играть на стремлении венгров в Румынии, гагаузов в Молдавии утвердить свою автономию, не дать встать на ноги автономии Приднестровья в Молдавии, Абхазии и армянского анклава Джавахети в Грузии. Все это рядом, все нас касается напрямую, и знать карту конфликтов в финальной стадии администрации Джорджа Буша необходимо.

Мечта о русском единстве
Киевский синопсис (1674)

Москва: Издательство «Европа», 2006. – 248 с.

Сочинение ректора Киево-Могилянской коллегии, архимандрита Киево-Печерской лавры Иннокентия Гизеля, составленное вскоре после Переяславской рады, утвердившей присоединение Украины к России, в течение целого века исполняло роль единственного учебника российской истории. С появлением подлинно исторических сочинений, начиная с Ломоносова, «Синопсис» перешел в разряд памятников культуры, иные из которых неожиданно обрели острую актуальность. «Синопсис» интересен уже тем, что ясно доказывает: идея объединения всего русского народа под властью единого государства рождена была не в Москве, а в юго-западных землях и оформлена в Киеве. Сейчас, когда у соседей одна за другой издаются книги, авторы которых возводят украинскую государственность к скифам и сарматам, особенно сильно звучит древний текст, в котором есть «Россия», «Русь», «Земля Русская», «Российская земля», «Земля Российская», «Государство Русское», «все государства Российские», «все Княжения Российские», «Государство Российское». В последних главах появляются «Великая и Малая, и Белая Россия». Ни слова «Украина», ни производного «украинский» в «Синопсисе» нет.

Марк Блиев
Южная Осетия в коллизиях
российско-грузинских отношений

Москва: Издательство «Европа», 2005. – 472 с.

Обстоятельная книга Марка Блиева погружает читателя в историю с древнейших времен, включая вековые попытки грузинских князей лишить осетин воли, земли и крайне непоследовательные действия российских наместников на Кавказе. Северная Осетия жила по законам Российской империи, Южная – практически оставалась под властью грузинских угнетателей. Сталин продолжил традицию, передвинув границу с Грузией так, что к ней отошла вся Военно-Грузинская дорога. Особенно ценна возможность шаг за шагом проследить, как новая Грузия стремилась вытеснить осетин из родных мест, для начала в 1990 году отказав Южной Осетии в праве на автономное существование. Сочинские соглашения эпохи игр Шеварднадзе с Ельциным сделали Россию единственным гарантом существования Южной Осетии, которому постоянно угрожает авантюризм Тбилиси.

Александр Эсаулов
Чернобыль: летопись мертвого города

Москва: Издательство «Европа», 2006. – 120 с.

Последствия катастрофы на землях Белоруссии, России и Украины изучены довольно тщательно. Не было одного – информации о том, как местная власть города Припяти и власть района, предоставленные обкомовским начальством самим себе, совершили негромкий подвиг в той важнейшей сфере практики, что именуется логистикой. Повествование автора лишено накала эмоций, буднично, и в этом его особенная ценность. Как выдать подъемные деньги эвакуируемым людям, как использовать брошенный транспорт внутри зоны, как наладить питание сотен людей, исполняющих служебный долг, когда эти действия никак не вписываются в обычные канцелярские процедуры? Эсаулов рассказывает об этом и буднично, и с оттенком искреннего изумления: сделали все, что можно было сделать. И не без горечи – им забыли сказать спасибо.

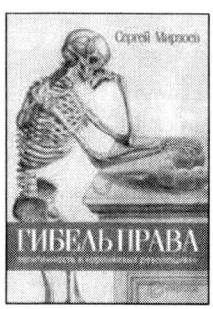

Сергей Мирзоев
Гибель права: легитимность
в «оранжевых революциях»

Москва: Издательство «Европа», 2006. – 232 с.

Сергей Мирзоев глазами правоведа наблюдал и изучал опыт «оранжевой революции», освещавшейся в прессе с сугубо событийной стороны. России еще долго предстоит иметь дело с плохо предсказуемой Украиной, ситуация в других соседних странах полна неопределенности, вопрос о легитимности действий властей и разного рода оппозиций приобретает принципиальное значение. Оказывается, самые экзотические представления о легитимности можно не только внушить, но и вменить с помощью технологических процедур. Обнаруживается, что если власть не умеет отстоять свою законность, кризисом легитимности власти можно успешно управлять – не столько изнутри, сколько извне, с помощью неправительственных организаций, парламентских постановлений, прямых фальсификаций, в которых активно участвовали европейские международные наблюдатели. Особый интерес представляет детальный разбор действий Верховного суда Украины, на который ложится ответственность за пиррову победу «оранжистов». Сейчас, на фоне острого противостояния парламента и президента, в преддверии выборов в Верховную раду и, возможно, референдума о характере власти на Украине, книга особенно актуальна.

Егор Холмогоров
Русский националист

Предисловие: Константин Крылов

Москва: Издательство «Европа», 2006. – 432 с.

Издательство продолжает серию идейных портретов современного российского общества. Каждая идеология в этой серии представлена ее носителем – тем, кто в нее верит. Вслед книге Виталия Иванова «Антиреволюционер» Егор Холмогоров взял на себя труд систематически изложить взгляды консервативного русского национализма. Русский национализм в понимании автора противостоит нацизму и ксенофобии. Книга Холмогорова – первое цивилизованное изложение доктрины русского политического консерватора молодого поколения.

Виталий Иванов
Антиреволюционер

Предисловие: Олег Матвейчев

Москва: Издательство «Европа», 2006. – 280 с.

Эта книга о российском политическом режиме и его противниках, естественно сложившаяся из серии статей, опубликованных автором в январе – ноябре 2005 года. Виталий Иванов достаточно удачно отделяет «соревновательную олигархию» 1990-х годов от «современной консенсусной олигархии», «олигархии лоялистов». В книге анализируются состав российской «партии революции», персональные особенности претендентов на роль ее вождей (Рогозина, Касьянова), разнообразные сценарии переворота и пр. Особое внимание уделено изучению украинского «революционного» опыта, рекомендациям по борьбе с доморощенными «революционерами» и модернизации российской политики в целом. В приложение включены еще несколько статей Виталия Иванова, в том числе «Этот праздник нужен», посвященная Дню народного единства (4 ноября).

Все книги можно приобрести

в издательстве «Европа» по адресу:

г. Москва, ул. Б. Якиманка, д. 1,

тел. 745-52-25, факс 725-78-67

www.europublish.ru

Серия «Национальные проекты»

Сергей Глазунов, Владимир Самошин

ДОСТУПНОЕ ЖИЛЬЕ
люди и национальный проект

Ответственный редактор *Т. Рапопорт*
Редактор *В. Глазычев*
Художественный редактор *С. Захаров*
Корректор *О. Кандидатова*
Дизайн *А. Монахов*
Верстка *П. Борисова*

Подписано в печать 25.05.2006. Формат 60 x 84 1/16
Гарнитура Opus.
Печать офсетная. Бумага офсетная. Усл. печ. л. 5,58.
Тираж 2000 экз.

Издательство «Европа»
119180, г. Москва, ул. Б. Якиманка, д. 1
тел. 745-52-25, факс 725-78-67
e-mail: info@europublish.ru

Отпечатано с оригинал-макета
в типографии «Баккара-принт»

Lightning Source UK Ltd.
Milton Keynes UK
UKOW02f2112280715

255993UK00001B/109/P